JN087183

スタートアップ財務管理と会計

コーポレート・ガバナンス,日本企業の経営組織との関連で

藤井則彦・藤井博義・威知謙豪［著］
Fujii Norihiko　Fujii Hiroyoshi　Takechi Norihide

中央経済社

序

昨今の日本企業の多発する不正，不祥事は目に余るものがある。その原因は一体どこにあるのだろうか。まず財務，会計に関しての粉飾決算（Window Dressing）はいうまでもないが，その底流には日本企業のコーポレート・ガバナンス（Corporate Governance：企業統治）の認識不足あるいは欠如，そして日本企業の閉鎖的な経営組織に問題があると考えられる。

そこで，本書ではこれらの諸点について考察する。

財務，会計については，財務管理が目的であり，会計はその目的を達成するための必要かつ重要な手段であるとの立場により検討している。

本書のベースは1998年に刊行した拙著『財務管理と会計―基礎と応用』であるが，20年余りの歳月が経過し，社会経済も大きく変化した。

そこで，今般，若い２人の研究者を加えて３人の共著として，財務管理と会計の関係について，まずは認識，理解からスタートしていただき，その上で実力をアップしていただくために，できるだけ内容を平易にわかりやすい表現に書き改めて，世に問うことにした。共著者３人は何度も集まり，議論し，推敲し，共著にありがちな問題点を克服したつもりであるが，もとよりわれわれは浅学菲才の身であるから，思わぬ勘違いや誤解をしているかもしれない。この点は読者諸賢のご叱正とご批判によりさらに研鑽を重ねる所存である。なお各執筆箇所については各人の責任に帰することはいうまでもない。

出版事情の厳しい今日，本書の刊行をお引き受けいただいた株式会社中央経済社ならびに出版に関して全面的にお世話になった田邉一正編集長，さらに校正等でご協力いただいた同社のスタッフの皆様に謝意を表する次第である。

（注）「Startup」は一般には，一言で英語の「始める」「起こす」という意味であり，ビジネスでは「創業間もない企業」を意味するが，本書では上記のように，一言ではなく，まずStart し，その上でUp と分けて使用している。

2020年２月

藤井　則彦

目　次

第3章

利益管理

第4章
原価管理

第5章
資金管理

第6章 資本運用

第7章 資本調達

第 1 章

スタートアップ財務管理と会計

―コーポレート・ガバナンス，日本企業の経営組織との関連で―

本章では，財務と会計の関係および財務管理と会計の関係について検討するが，この場合，財務および財務管理が目的であり，会計はその目的を達成するための必要かつ重要な手段であるとの立場により考察している。

また昨今の日本企業の多発する不正，不祥事の原因については，財務，会計における粉飾決算のみならず，企業のコーポレート・ガバナンスの認識不足あるいは欠如が問題であり，さらに日本企業の閉鎖的経営組織がネックになっており，これらとの関連で，財務と会計の関係および財務管理と会計の関係について考察する。

第1節　本書の内容・目的と構成

昨今の日本企業の多発する不正，不祥事についての原因の1つは財務（Finance），会計（Accounting）についての粉飾決算（Window Dressing）にある。この点については，財務と会計の関係および財務管理（Financial Management）と会計の関係で検討するが，この場合，財務および財務管理が目的であり，会計はそのための必要かつ重要な手段であると捉えている。手段なくして目的は達成されない。したがって，両者には上下関係がないのはいうまでもない[1]。

他の原因は，企業のコーポレート・ガバナンス（Corporate Governance 企業統治）の認識不足あるいは欠如，そして日本企業の閉鎖的経営組織にあるといえよう。

§1　財務と会計の関係について

財務と会計は「似て非なるもの」である。そこでまず手段としての会計について検討する。

会計には種々な領域，分野があるが，基本的には，当該企業を取り巻く外部の株主，債権者をはじめとする利害関係者（Stakeholder）に対して当該企業の経営成績，財政状態を報告する財務会計（Financial Accounting）または外部報告会計と，経営管理のための管理会計（Management Accounting）または内部報告会計である。したがって，管理会計は経営学に近い学問といえよう。この意味で，内容的に財務に近いのは管理会計である。

次に，財務について検討する。

Finance[2]という用語は多岐にわたっており，たとえば，金融，財政と捉えれば「金融論」，「財政学」など経済学に属するし，財務，資本調達と捉えれば経営学に属することになる。

企業では，一般に，会計は経理課あるいは会計課が取り扱い，財務は財務課が取り扱っているが，両者はいずれも数値を問題にしている点では共通性がある。

しかし，会計はコンピューターの発達そして今後 AI（人工知能）の一層の活用によりいわゆる“machine power”が中心となるが，財務はたとえば資金繰りにあたって金融機関への融資依頼には人間が交渉に行かなければならず，機械では不可能である。融資は信用が大切であるから。したがって，“machine power”と“man power”の協力が必要である。

一般には，たとえば次に示すように，借方の費用損失の発生に対して貸方は現預金の流出を伴う。

（借）	通信費	100	（貸）	現金	100

しかし，財務と会計には相違がみられる。次に示す減価償却により明白である。減価償却費は現金支出を伴わない費用であるから，一般の費用とは異なる。

（借）	減価償却費	1,000	（貸）	減価償却累計額	1,000

この仕訳は経理課で行うが，借方は費用項目であるから，損益計算として処理し，当期の損益計算書（P/L：Profit & Loss Statement あるいは I/S：Income Statement）に記載される。しかし，問題は貸方の累計額であるが，この仕訳のとおり企業内に資金が留保されるわけではない。つまり，会計は発生主義に基づいて処理されるから，資金の流れを把握できない。そこで，上記の例の1,000円について財務課が何らかの形で（現金，預金等）企業内に留保しなければ，たとえば将来同じような固定資産を買い換える場合，企業は資金繰りに困窮し，倒産につながることになりかねない（これを減価償却の自己金融機能という）。つまり，財務は現金主義により現金の動きに着目して処理するからである。また，

（借）	売掛金	200	（貸）	売上	200

において，貸方の売上200は当期の収益として損益計算書に記載されるが，借方の売掛金が当期の決算期末までに回収されず，現金化されなくて，次期以降に現金化される場合，当期において収益は実現しており，資本収益性管理は全

うされるが，現金が入金されておらず，そのために資金繰りが悪化し，資金ショートをおこし，いわゆる黒字倒産になる可能性がある。このような財務流動性管理についての黒字倒産を避けるためにも，単に会計的な仕訳だけでは企業経営としては不可であり，現金の動きを把握する財務が必要である。

§2 財務管理と会計の関係について

Financeを経営学の立場からは，一般的に資本調達のみと捉えているが，これは貸借対照表（B/S：Balance Sheet）の貸方のみを対象としており，簿記会計を認識していないから経営学ではなく，『企業金融論』を意味することになり，経済学に属することになる。

そこで，本書では貸借対照表の借方である資本運用，つまり投資と貸方の資本調達の両面を対象にして捉えている[3]。ここに会計という手段を活用することにより，財務管理という目的が達成されることになる。

以上により，本来，利益管理（原価管理を含めて）である資本収益性管理および財務流動性管理である資金繰り等が正しく実施されていれば，会計や財務に関する不正や不祥事は起こりえない。その意味で，第2章から第4章までは会計管理に焦点をおいて考察している。第2章では将来の財務管理のためにも過去の当該企業の実態を把握する必要があるので，財務諸表分析について概観する。第3章では資本収益性管理としての利益管理について，第4章では利益管理との関連で原価管理を取り上げている。さらに第5章では，財務流動性管理のうち短期の財務流動性管理である資金繰り等について取り上げ，長期の財務流動性管理については第7章で資本調達として取り上げている。資本は使用（運用）目的もなく調達されることはなく，資本調達には原則として資本コストという犠牲を伴うからである。調達した資本を何らかの使用目的のために実施されるのだから，その使用，つまり，資本運用との関連で捉えるべきであり，ここに第6章資本運用について取り上げている。

なお，日本企業の不正，不祥事に関して，コーポレート・ガバナンスの認識不足あるいは欠如については本章第2節で，経営組織の問題に関しては第3節で取り上げている。

第2節　コーポレート・ガバナンスについて

§1　コーポレート・ガバナンスの出現

コーポレート・ガバナンスについては，企業は誰のものかという発想から生じた。この点については，日本の場合，株主，従業員，その他あらゆる利害関係者（Stakeholder）のものであるという多元的考えであるから，あらゆる利害関係者を対象にすべきであるが，しかし，上場株式会社の場合，株主，つまり出資者をまず考慮すべきであろう[4]。そのためには次のような点を有価証券報告書等によって開示しなければならないし[5]，企業統治指針[6]および株主からの提案などに対して考慮，対応しなければならない。そこでこれらの項目の主なものを列挙し，簡潔に説明する（なお，以下の項目のうち詳細な内容が必要な項目については第7章「資本調達」参照）。

①　取締役の報酬について

日本の取締役の報酬は欧米に比べて低いといわれているが[7]，それでも一般従業員の年俸に比べると高額である。そこで固定報酬と業績連動型報酬との割合を開示しなければならない（2019年3月期から義務化）。欧米では約80%が業績連動型であるのに対して，日本の場合業績連動型は少ないといわれている。

この問題に関連して，クローバック条項（claw back）という業績連動の報酬については，不正や不祥事あるいは巨額の損失の発生等の場合，株主は取締役に対して会社に過去の報酬の返還あるいは減額を要求できる条項を設けるべきである。そうすれば取締役は不正，不祥事に真摯に取り組むであろう。

また最近，役員報酬の評価基準としてESG（Environment，Social，Government）という環境保全，社会問題，企業統治の取組み，そしてその達成度合いを役員報酬に反映させる企業も見られ，企業の持続性重視への新しい指標として重視されつつある。欧米では盛んに取り入れられているが，日本ではこれからの問題といえよう[8]。

② 持合株式の解消について

日本では，以前は金融機関と事業会社との持合が多く，諸外国からの批判の的であったが，徐々に解消されてはきたが，今般，記載する銘柄を上位30社から60社に拡大されることになった（2019年３月期から実施）。

③ 監査法人選任理由の明確化

監査法人の監査に問題があるので，決算の正確性確保のため監査法人選任の理由を明示することになった（2019年３月期から実施）。

④ ROE（Return On Equity：自己資本利益率）の向上

ROEは20世紀初頭に開発された企業の収益性判断の指標であり，株式投資の指標としても使用されており，理論的な指標については種々議論があるが，一応10％－20％を目処と考える。しかし，昨今は低下気味であり，2018年度では平均9.8％といわれているし，大半の企業は６％未満といわれている[9]。しかし，この率が高ければ優良企業とはいえない。後述の不正，不祥事が問題化している某大手電機メーカーの場合，粉飾決算により多額の架空利益を計上していたためROEは50％を超えていた。

⑤ 買収防衛策の廃止傾向と敵対的買収の増加

株式公開買付（TOB，take-over-bid）に対する防衛策を導入する企業は，2008年頃をピークに横ばいが続いていたが，2015年頃から減少しはじめ，2019年の株主総会では，2019年にはピーク時の40％強に減少しているとの報告がある。この最大の原因は企業統治の充実によると考えられるが，反面，世界的には敵対的買収が2014年頃から増加傾向にあり，2018年には成立件数26件中，欧米16件，アジア８件といわれている。つまり買収は衰えていなくて，敵対的買収に重点が移る傾向にあると考えられよう[10]。

⑥　株主還元策

この問題については配当性向（Dividend Payout Ratio）と自己株式の取得が中心であるが，まずここでは配当性向について検討する。

配当性向とは税引後利益のうち配当金にいくら支払われたか示す指標であるが[11]，この点については企業の内部留保利益との関係で検討すべきである[12]。2016年度の日本の平均配当性向は28％であるから，単純に計算すると，残りの72％のうち設備投資等将来へ向けての投資にどれだけ充当するかであるが，企業としては経済の先行き不透明，不確実性により積極的に前向きな投資には慎重であるから，内部留保利益は毎年増加傾向になり，2016年には290兆円に達している[13]。なお，最近の財務省法人企業統計によれば，2018年度には金融，保険業を除く全産業では463兆円とますます増加傾向にある。

⑦　自己株式の取得および総株主還元率

自己株式の取得については，日本では1994年10月１日から旧商法改正により本格的に実施されるようになったが，その当時の取得の目的は，株価低迷のため流通している自社株を市場より買い上げることによって，流通株式数を減少させれば，１株当たりの利益，したがって，１株当たりの配当金が増加し，株価の上昇に寄与するためであった[14]。

しかし，この他に上記の敵対的買収の防止にも有効である。つまり自社株と安定株主の持ち株の合計が高まり，相対的に敵対的買収者の取得割合を低下させることにより，買収を困難にさせることができることもある。

なお，日本の自己株式取得については，毎年約10％強で大きな変化はなく，2016年度では12％であるが，同年のアメリカの場合66％と大きな開きがあり，アメリカの株主重視は明白である[15]。

以上，配当性向と自己株式の取得の合計としての総株主還元率としては，2016年度日本の場合44％，同年のアメリカでは114％である[16]。

⑧　剰余金の分配（配当）の決定機関の問題

期末配当については，原則として株主総会の普通決議により審議決定すべきであるが（会社法第454条），現在の会社法では，原則外として会計監査人設置会社，監査役会設置会社，および指名委員会等設置会社などは株主総会において定款の変更が承認されれば（会社法第466条），会社は取締役会の決議によって随時に剰余金の配当が可能となった（会社法第459条第１・２項）[17]。

しかし，法的には問題なくても，配当は株主にとって最大の関心事の１つであるから，株主総会というオープンの場で株主の同意を得て審議決定するのが，株主との対話を重視する現在としては当然であろう。

筆者が無作為に100社を調査したところ，80社は原則に従っていることが判明した。

ところで，会社は誰のものかについての歴史的経緯については，近代的株式会社が確立する以前は，会計的視点からは，いわゆる所有主理論あるいは資本主理論（proprietary theory）とよばれる経営と所有が分離していなかったから，コーポレート・ガバナンスは問題にならなかった。しかし，19世紀後半になり近代的株式会社が確立し[18]，会計的視点からは，いわゆる企業主体理論（entity theory）とよばれる所有と経営が分離されるようになり[19]，所有者である株主は経営を委託した経営者を監視する必要があり，ここに所有者と経営者の間にガバナンス問題が生じた。この関係はエージェンシー理論（Agency Theory）によると，所有者である株主は自己の意思決定の権限を経営者に委譲し，権限を委譲された経営者は株主の負託に応えるよう経営に専念する。この場合，所有者をプリンシパル（Principal）といい，経営者をエージェント（Agent）といい，両者の間に契約関係が生じる[20]。

§２　コーポレート・ガバナンスの課題と目的

コーポレート・ガバナンスの課題としては，１つは誰がどのような方法で経営者をモニタリング・チェックするのか，他の１つは企業内部をどのように統制するのかという内部統制の問題であり，ここでは前者を問題にしている。なお，後者は管理会計の課題である。

目的としては，企業の効率性，企業業績の向上，企業の健全性，利害関係者への経営責任のための透明性などが挙げられる。

§３　日本企業での取組みについて

各社各々ウエブサイトや株主総会の招集通知書等で掲げているが，要は，委員会制度を採用している企業では「指名委員会」や「報酬委員会」の委員長は社外取締役がその任に当たっている。ところが，大手証券会社では「指名委員会」の委員長に当該企業の会長がその任に当たっており，外部からの指摘で訂正されたが，これでは当該企業が社会的に問題になっているのは当然であろう。

要は，コーポレート・ガバナンスについてはいかに実効性があるかがポイントであり，そうでなければ「絵に描いた餅」になってしまう。

第３節　日本企業の経営組織の問題点とその対応策

日本企業の経営組織は，従来から閉鎖的で，オープンでないといわれており，いかにオープンにするべきかについて，以下いくつか提案し，検討する。これらの諸策の目指すところは，企業の継続的成長と中長期の企業価値の向上にあるといえよう。

§１　従来の顧問，相談役の縮小あるいは廃止

日本企業では，会長，社長という企業のトップを務めた人が，顧問あるいは相談役として社内に残る傾向が多い。しかし，これでは現在の社長の方針がこれら顧問，相談役に遠慮して思うようにはならず，最悪の場合，従来からの問題点，たとえば累積赤字の隠蔽（今般，不正会計が表面化した某大手１部上場企業（現在は２部）の電機メーカーの場合，2013年度から不正が行われており，発覚まで数年が経過していた）や事故につながる問題点（某鉄道会社の脱線事故）等を歴代のトップが引き継ぎ，さらに次のトップに引き継がれ，表面化したときには当該企業の存亡にかかわる結果になりかねない。

ところが，東洋経済新報社の調査によれば，2018年において，顧問，相談役制度の実施に関して1,024社中顧問，相談役制度「あり」が668社（65.2％），「なし」が356社（34.8％）であり，「あり」と回答した企業の理由として，「現

経営陣へのアドバイス」が74.7%で最も多く，ついで「対外活動」が42.0%（複数回答による）であるが，後者の理由は理解できるが，すでに検討したように，前者の理由が問題であると指摘したい。漠然とした顧問，相談役は不要であり，経験を生かした対外活動の場合は理解できる。また顧問，相談役に対して報酬は当然といえようが，それ以外に「個室」，「秘書」，「社有車の利用」など無駄が多い。なお，顧問，相談役の数の多い企業上位50社の中には昨今の不正，不祥事で社会問題になっている企業も見られるから，顧問，相談役の縮小，廃止の方向を考えるべきである[21]。

ちなみに「トップOBは社外へ」「院政批判」という表現も見られるぐらいである。

§2　社外取締役の導入，設置とその活用

日本では，従来，取締役は当該企業内の生え抜きの人材を中心に構成されていたが，企業の不正，不祥事が多発してきたし，上記の顧問，相談役の廃止傾向との関係で，今後はアメリカ流の独立取締役（independent director）にならって，社外取締役（outside director）を導入し[22]，その強化をはかる必要がある（会社法第2条第15号，会社法施行規則第2条第3項第5号）。

社外取締役の必要性については，2002年の旧商法改正時に問題となったが，経済界の反対で反故になった。

2004年頃は，その導入については各企業も日本経済団体連合会も乗り気ではなく，法的にも特に問題にしていなかったが，その後，2014年6月27日に法律第90号（会社法）によって上場企業に社外取締役の設置を実質的に義務付けられ，この法律により2015年5月から義務化が施行されることになった。しかし，本格的な義務化は2019年の会社法改正まで待たざるをえなくなった。このように，義務化は会社にとって大変なことの証拠であろう。

社外取締役役の実態について，2014年と2018年を比較すれば（東証1部上場企業），社外取締役を選任している企業は2014年には1,352社（74.4%），2018年では2,098社（99.4%）であり，また取締役会に占める社外取締役については，3人以上の社外取締役を有している企業は，2014年では259社（31.7%），2018年では953社（45.3%）である[23]。

社外取締役の資格要件は厳しく規定されており，当該企業と利害関係を有しない第三者が選任されるが，なかなか適当な人材が見つからない。そのため以下のような現象が近年現実に生起しているので，典型的な事例を若干示す。社外取締役は当該企業にアドバイスするのが任務であると考えられるが，当該企業の業務内容とは全く無縁の有名人を社外取締役に選任している企業もあり，かつて宇宙飛行士を社外取締役に選任した企業もある。この場合は社外取締役に一体何を求めているのだろうか。将来の宇宙事業を見据えてのことか，それとも精神的支柱を求めているのだろうか。確かに異なる知見を活用することも必要であるが，社外取締役の適任者が不足しており，各企業は数ばかり気にして，社外取締役の果たすべき本質を無視すれば，却って副作用が生じることになるから，この点を注意する必要があろう。

二部上場の某サービス業の場合，社外取締役３名はいずれも株主総会は欠席，平素の取締役会への出席も芳しくないとのこと。ちなみに社外取締役の取締役会出席率は75％が一応の基準であるが，同社の場合，この基準に抵触していないだろうか。以上について同社の社長の株主総会での発言は「これらの方はお忙しい人だから，日頃折に触れてアドバイスを得ている。」というが，これでは取締役ではなく，すでに述べた顧問あるいは相談役でである。この発言から上場企業としてステークホルダーを無視した態度であることは明白である。しかもこれら社外取締役は長年にわたって同企業の社外取締役を務めており，また他にもいくつかの企業の社外取締役を兼ねており，いかに社外取締役の適任者が不足しているか明白である。この例から社外取締役の在任期間が問題であり，あまり長期間になると種々弊害が出るから，数年ぐらいが適当ではなかろうか。ちなみに在任期間があまり長いと株主総会で反対票が多くなる事実も見られる。

次に取締役の大半が社外取締役という２社について検討する。つまり，社外取締役の適正人数についてである。１社は取締役が６名で，会長，社長等代表権のある役員２名と代表権のない副社長１名以外はすべて社外取締役という企業で半数が社外取締役だが，業績良好で問題のない優良１部上場企業である。他の１社は，すでにふれた不正会計を数年間隠蔽した某大手１部上場企業（現在２部）である電機メーカーが，取締役会のメンバーを大幅に変更し，代表権のある会長と社長の２人以外はすべて社外取締役とした。つまり，取締役12名のうち10名（８割強）を社外取締役とした。

果たして社外取締役の妥当な人数はどの程度か考察する。この点については，企業の規模，業種，各々の企業の事情により一概にはいえないが，2018年の東証１部上場企業の１社あたりの取締役の平均人数は9.2人であるから[24]，すでに考察したように３人以上が好ましいといえよう。この点について，2019年６月の株主総会で，取締役のうち社外取締役が３分の１未満の企業に対しては，国内外の機関投資家が社長あるいは取締役全員を承認しない動議が提出されると報じられた。

社外取締役があまり少数であれば，取締役会での発言権も弱くなり，折角の社外取締役が生かされないことになろう。しかし，先にあげた社外取締役が８割強の場合，確かに不正，不祥事は減少するであろうが，反面，当企業の前向きな成長戦略に問題が生じる恐れがあろう。したがって，妥当な人数は企業によって一概にはいえないが，先に述べたように３人程度が好ましいのではなかろうか。

昨今，大手流通業界の某社の取締役会で，１人の社外取締役（大学教授）がトップ人事の決定に大きな影響を与える発言があり，社外取締役の存在意義が表面化したが[25]，これはむしろ稀有な例といえよう。

なお，社外取締役の報酬については，日本の場合アメリカに比べて低く，筆者が無作為に100社を調査したところ年額平均650万円で，社外取締役も含めて株主代表訴訟等に対して高額の賠償保険の充実が必要であろう。

なお，上場子会社に対しては，少数株主の利益保護のために独立の社外取締役を導入する必要がある。

なお，上場会社等に対しては，2019年12月５日に改正会社法が成立し，社外取締役が義務付けられた。

§３　指名委員会等設置会社の必要性

従来の日本のトップ人事は，前社長による禅譲形式が一般的であった。これではすでに触れたように，現社長は自己の思い切った方針で企業を運営することが困難である。そこで会社法では従来からの監査役会設置会社（会社法第２

条第10号)[26]か，あるいは新しいアメリカ型の指名委員会等設置会社（会社法第２条第12号）かのいずれかを選択できるようになった。

本来，委員会には「指名委員会」，「監査委員会」，「報酬委員会」の３つがあり，ここではこのうち「指名委員会」（会社法第404条第１項）が問題となる。

指名委員会とは株主総会に提出する取締役の選任，退任に関して，取締役３名以上で組織され，社外取締役が過半数を占めることになっている（会社法第400条第１項および第３項)。仮に３名とすれば，２名は社外取締役であるから，これまでのようなトップ人事は考えにくい。しかし，現実には，2018年では2,102社のうち監査役設置会社が1,529社（72.7%)，監査等委員会設置会社は573社（27.3%)，しかも指名委員会等設置会社はわずか60社（2.9%）にすぎず[27]，まだまだ日本企業の経営組織はオープンとはいえないであろう。

§４　取締役と執行役員（執行役ではない）の区別の明確化

昨今，取締役以外に執行役員という名称がよく使われるが，取締役は企業の重要事項を決定する権限を有し，会社法で認められている役職である（会社法第38条第１項，第326条第１項)。執行役員は取締役会の決議により選任され，取締役会で決定された事項を実行する従業員で（会社法第402条第１項)，法的には位置づけられておらず，当該企業内外での呼称である。両者はお互いに牽制して，企業の不正，不祥事を防止すべきである。

ところが，両者を兼ねている，たとえば代表取締役社長執行役員の場合，代表権のある社長としては企業の重要事項原案の決定に携わっており，同時に執行役員としてその重要事項を実行することになり，一人二役を演じるわけで，これでは社長は自己の執行しやすい原案のみを決定し，執行しがたい原案は決定しないという自己満足にすぎず，自己反省，統制という視点から問題であろう。したがって，両者は兼務すべきでない。

以上結局，経営組織は人の集まりであるから，その人たちが企業に対してまともに対応すれば問題はないのだが。

●注

1　目的と手段の関係については，C. I. バーナード，山本安次郎・田杉競・飯野春樹訳『新版経営者の役割』ダイヤモンド社，1968年，27頁。

2　本書では，財務および財務管理を会計との関係で取り上げているから，いわゆる「ファイナンス理論」や「ファイナンス論」については問題にしていない。

3　本書においては，資本調達と資金調達についての私見として，前者は貸借対照表に勘定科目として静止状態にある場合の表現であり，後者は資金が貸借対照表の貸方から借方に移動する場合の動的な表現と捉えている。

4　この点については，アメリカは株主のものという考えが大半，ドイツは株主と従業員のものという二元的所有の考え方である。

　なお，日本の場合の利害関係者の詳細については，藤井則彦『日本の会計と国際会計（増補第3版）』中央経済社，1997年，6-9頁。

5　日経朝刊2019年2月21日。

6　東京証券取引所が2015年6月1日から上場企業に適用。

7　日本の経営者の所得はアメリカの10の1，イギリスの6割程度といわれている。出所：注5と同じ。

8　東洋経済新報社『CSR 企業総覧（ESG 編）2018年版』および生命保険協会「平成29年度，株式価値向上に向けての取り組みについて」20頁。

9　前掲8，生命保険協会，23頁。

10　買収防衛策の詳細については，藤井則彦「会社法についての私見―買収防衛策，剰余金の分配を中心として」，『京都マネジメント・レビュー』京都産業大学マネジメント研究会第10号，2006年12月，1-15頁。特に敵対的 TOB の詳細については，藤井則彦「会社法施行後の問題点についての私見―株主の立場よりの実務上の問題点」同第12号，2007年12月，1-15頁。

11　配当性向の詳細については，藤井則彦『財務管理と会計―基礎と応用（第4版）』中央経済社，2010年，165-167頁。

12　前掲8，生命保険協会，26頁および33頁。なお同年のアメリカの配当性向は40％で，アメリカでは企業は株主のものである証拠である。

13　配当と留保利益の関係については前出の藤井則彦稿『京都マネジメント・レビュー』第12号，1-15頁。

14　この点の詳細については，前掲4，藤井則彦『日本の会計と国際会計（増補第3版）』中央経済社，1997年，138-141頁。

15　前掲8，生命保険協会，33頁。

16　前掲8，生命保険協会，33頁。

17　前掲13，藤井則彦稿『京都マネジメント・レビュー』第12号，4頁。

18　A. A. Berle & G. C. Means『近代株式会社と私有財産　1932年｛The Modern Corpolation and Private Property｝』。

19　この点の詳細は，前掲4，藤井則彦『日本の会計と国際会計（増補第3版）』中央経済社，1997年，51-55頁。

20　前掲11，藤井則彦『財務管理と会計―基礎と応用（第4版）』中央経済社，2010年，

161-162頁。

21　東洋経済新報社『CSR 企業総覧（ESG 編）』をベースに筆者が加筆修正。

22　独立取締役と社外取締役の相違については，私見では本来社外取締役は当該企業とは利害関係がなく，独立しているはずだが，日本の場合，社外取締役の適任者が少なく，そのため厳密な独立ではなくても社外取締役として委嘱しているのが現実であろう。この点アメリカの場合は厳密に独立取締役と表現している。

23　日本取締役協会「上場企業のコーポレート・ガバナンス調査」2018年8月1日。

24　注23と同様。

25　2016年4月23日日経朝刊。

26　監査役会設置会社では3人以上の監査役が必要，このうち半数以上は社外監査役でなければならず，監査役の中から常勤監査役を定めなければならない。

27　注23と同じ。

第 2 章

財務諸表分析

本章では，財務管理の前提として，財務諸表分析について例題を用いて説明する。

説明にあたっては，総合的収益性分析から検討し，その上で，資本収益性分析，財務安全性分析（短期財務流動性分析），財務安定性分析（長期財務流動性分析）について検討し，さらに生産性（付加価値）分析，成長性分析について検討する。

これらの分析は財務諸表を中心とした定量的分析であるが，企業評価に際しては定量的分析のみならず，定性的（質的）分析を含めた総合的分析が必要であり，いわゆる経営分析として捉えるべきであるため，この点についても検討する。

第1節　財務諸表分析概説

企業は通常年1回決算を行い，その結果を財務諸表として企業内外の各種利害関係者（Stakeholders）に表示・報告する。財務諸表は企業の過去の活動の結果を表したものであり，企業経営者は，財務諸表を分析すること，つまり，財務諸表分析（Financial Statement analysis）・財務分析・経営分析により，今後の財務活動への指針，すなわち，今後の財務管理のあり方を検討することになる。

このような段階を考えると，財務諸表の作成は会計，特に財務会計の領域であり，財務諸表分析は会計（財務会計・管理会計）の領域であり，今後の財務管理のあり方の検討は，それらの会計を手段として行われる目的である財務管理の領域であると考えられる。ここにおいても，財務管理と会計との有機的関係・接点・相違がみられ，また両者の目的と手段の関係も明らかである。以上の関係を図示すれば**図表2－1**のとおりである。

図表2－1　**会計と財務管理の関係**

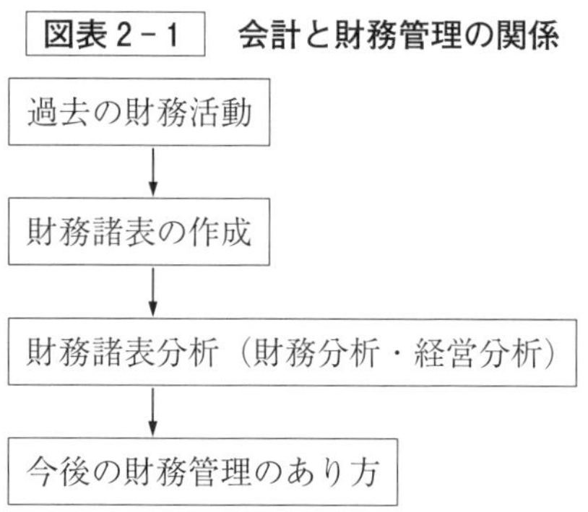

なお，本書は財務管理と会計（財務会計・管理会計）との有機的関係・接点・相違を問題としているが，あくまで焦点は財務管理にあるから，本章で取り上げる財務諸表分析は，財務管理の手段としての範囲にとどめ，財務諸表分析そのものについては，それに関する専門書にゆずることとしたい。

第2節　財務諸表分析の体系

財務諸表分析は，企業外部の各種利害関係者が行う外部分析（External analysis）と，内部分析（Internal analysis）の2つに分けることができる。さらに外部分析は，投資家が当該企業への投資に関する判断のために行う投資分析あるいは証券分析と，債権者が当該企業への貸付けの可否の判断のために行う信用分析に分けられる。内部分析は，企業内部の利害関係者である経営管理者が当該企業の将来の企業経営のあり方の予測のために行う分析である。本章では内部分析を対象としている。

財務諸表分析は，歴史的には外部分析，つまり銀行業における信用分析の形で発達し，貸借対照表を中心とした流動比率に基づく流動性分析が中心であった。その後，内部分析へと発展し，損益計算書を中心とした収益性分析が行われるようになった[1]。また，財務諸表分析の方法には比率分析と実数分析があり，前者は主として外部分析に，後者は主として内部分析に適用される。歴史的には実数分析が古いといわれている。

さらに，財務諸表分析は，経営活動分析（たとえば，収益性分析）である動態分析と経営構造分析（たとえば，財務安全性分析）である静態分析とに分類される。この点については以下の各章で検討するが，要するに，長期的にみれば，収益性が高ければ資金の流入も良好となり，財務安全性も維持されるから，両者は関連付けて分析することができる。しかし，短期的には，収益性が高くても資金繰りの点で財務安全性が悪化する場合があるため，両者の分析の接点・相違に注意を払う必要がある。

以上の点をまとめると次頁の**図表2－2**のとおりになる。

財務諸表分析と経営分析という表現については，両者を同義と捉える立場と，両者は異なると捉える立場がある。両者は異なると捉える場合，財務諸表分析とは会計情報のみを対象とし，したがって，過去の実績分析が中心となり，業績評価のための分析となる。そして，経営分析とは会計情報のみならず非会計情報をも含み，したがって，過去の実績分析のみならず，将来の計画設定（意思決定）を含む未来分析に及ぶと考えられる。

図表 2－2　財務諸表

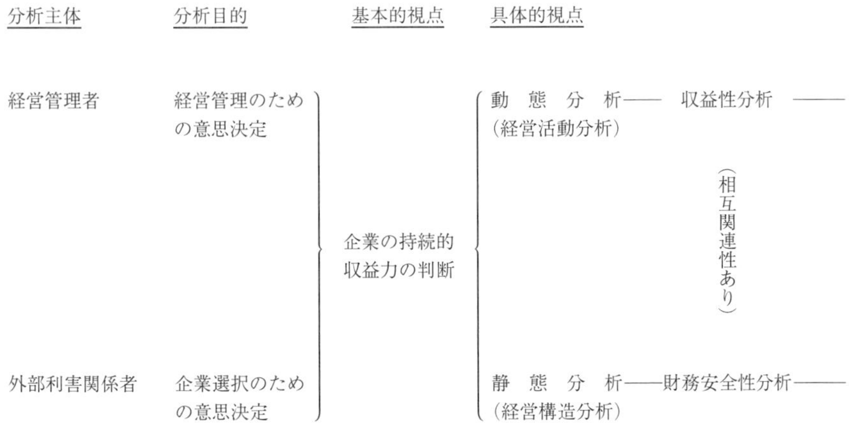

分析主体	分析目的	基本的視点	具体的視点	
経営管理者	経営管理のための意思決定	企業の持続的収益力の判断	動態分析（経営活動分析）	収益性分析
				（相互関連性あり）
外部利害関係者	企業選択のための意思決定		静態分析（経営構造分析）	財務安全性分析

それゆえに，企業評価という視点からは，経営分析という立場から検討すべきである。ただし，本章の主旨は企業の財務諸表を分析することによって，今後の財務管理のあり方について検討するという立場であるから，財務諸表分析として捉えるべきである。ただ，補足として，質的要因をも加味した企業評価についてふれることとする。

以上より，本章では，収益性分析・財務安全性（短期財務流動性）分析，財務安定性（長期財務流動性）分析，生産性（付加価値）分析，成長性分析等について検討する。ただし，単に各種分析比率を列挙して解説しても無意味であり，要は，企業全体としての評価に焦点があり，その結果として，今後の財務管理のあり方に直結しなければならない。そこで，以下の設例により一連の流れとして検討する。なお，分析にあたっては，企業グループ全体の状況を把握することを目的として，連結財務諸表を対象として分析を実施する。

分析の体系

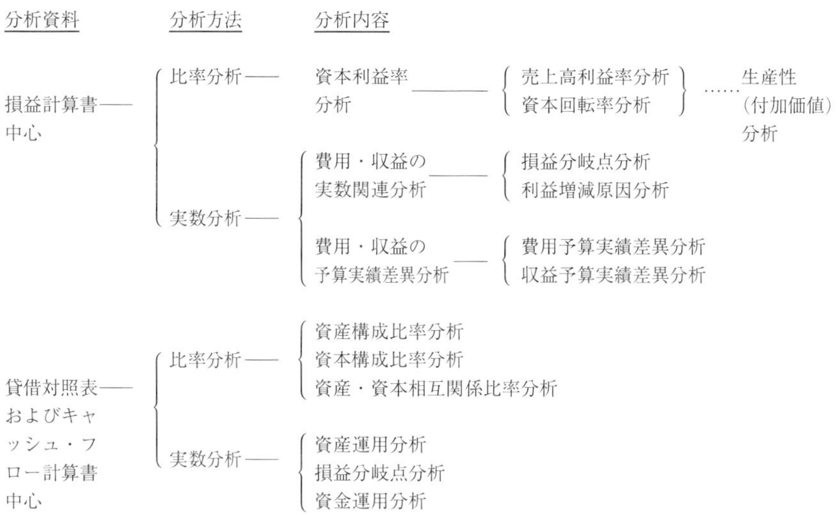

第３節　伝統的な財務諸表分析・企業評価

図表２-３～２-13のＡ，Ｂ両企業の連結財務諸表に基づいて，財務諸表分析を行い，今後，いかにすべきかを検討する。

図表２－３　Ａ企業の連結損益計算書

（単位：百万円）

	X1年１月１日～X1年12月31日	X2年１月１日～X2年12月31日	X3年１月１日～X3年12月31日	３年平均
売上高	153,806	163,658	171,206	162,890
売上原価	98,640	103,277	106,184	102,700
売上総利益	55,166	60,381	65,022	60,190
販売費及び一般管理費	35,618	38,135	39,675	37,809
営業利益	19,548	22,246	25,347	22,380
営業外収益	2,603	3,004	2,901	2,836
営業外費用	1,659	1,527	1,857	1,681
経常利益	20,492	23,723	26,391	23,535
特別利益	0	0	0	0
特別損失	0	0	1,095	365
税引前当期純利益	20,492	23,723	25,296	23,170
法人税，住民税及び事業税	6,374	6,901	7,265	6,847
法人税等調整額	101	△ 65	△ 350	△ 105
当期純利益	14,017	16,887	18,381	16,428
非支配株主に帰属する当期純利益	138	186	182	169
親会社株主に帰属する当期純利益	13,879	16,701	18,199	16,260

図表２－４　Ｂ企業の連結損益計算書

（単位：百万円）

	X1年１月１日～X1年12月31日	X2年１月１日～X2年12月31日	X3年１月１日～X3年12月31日	３年平均
売上高	22,654	24,597	23,283	23,511
売上原価	17,337	19,033	17,588	17,986
売上総利益	5,317	5,564	5,695	5,525
販売費及び一般管理費	4,024	3,881	4,072	3,992
営業利益	1,293	1,683	1,622	1,533
営業外収益	213	184	142	180
営業外費用	488	641	422	517
経常利益	1,018	1,226	1,342	1,195
特別利益	166	8	47	74
特別損失	445	438	190	358
税引前当期純利益	739	796	1,199	911
法人税，住民税及び事業税	66	96	208	123
法人税等調整額	53	5	△ 747	△ 230
当期純利益	620	695	1,738	1,018
非支配株主に帰属する当期純利益	△ 40	33	12	2
親会社株主に帰属する当期純利益	660	662	1,726	1,016

図表２－５　Ａ企業の販売費及び一般管理費の内訳

（単位：百万円）

	X1年１月１日～X1年12月31日	X2年１月１日～X2年12月31日	X3年１月１日～X3年12月31日
販売費合計	4,812	4,982	5,285
人件費合計	19,971	20,232	20,598
管理費合計	10,836	12,921	13,792
租税公課	83	84	87
減価償却費	4,384	3,841	3,677
その他	6,369	8,996	10,028
合計	35,618	38,135	39,675

図表２－６　Ｂ企業の販売費及び一般管理費の内訳

（単位：百万円）

	X1年１月１日～X1年12月31日	X2年１月１日～X2年12月31日	X3年１月１日～X3年12月31日
販売費合計	2,777	2,678	2,810
人件費合計	1,091	963	1,035
管理費合計	156	240	227
租税公課	12	11	12
減価償却費	37	39	38
その他	107	190	177
合計	4,024	3,881	4,072

図表 2－7　A企業の営業外収益，営業外費用の内訳

（単位：百万円）

		X1年1月1日～X1年12月31日	X2年1月1日～X2年12月31日	X3年1月1日～X3年12月31日
営業外収益	受取利息	21	21	20
	その他	2,582	2,983	2,881
営業外費用	支払利息	341	280	211
	その他	1,318	1,247	1,646

図表 2－8　B企業の営業外収益，営業外費用の内訳

（単位：百万円）

		X1年1月1日～X1年12月31日	X2年1月1日～X2年12月31日	X3年1月1日～X3年12月31日
営業外収益	受取利息	2	3	3
	その他	211	181	139
営業外費用	支払利息	291	256	187
	その他	197	385	235

図表 2－9　A企業およびB企業の従業員の状況

（単位：人）

	X1年度	X2年度	X3年度
A企業	2,609	2,640	2,674
B企業	731	732	745

図表２－10　Ａ企業の連結貸借対照表

（単位：百万円）

	X1年12月31日	X2年12月31日	X3年12月31日	３年平均
資産の部				
1　流動資産				
現金及び預金	31,878	30,757	31,343	31,326
受取手形及び売掛金	56,661	54,041	58,133	56,278
たな卸資産	30,573	33,179	36,067	33,273
未収入金	2,413	2,390	2,097	2,300
短期貸付金	282	706	841	610
繰延税金資産	2,633	2,882	3,102	2,872
その他	1,540	1,480	1,894	1,638
貸倒引当金	△18	△22	△29	△23
流動資産合計	125,962	125,413	133,448	128,274
2　固定資産				
有形固定資産	44,006	44,975	47,128	45,370
無形固定資産等	1,971	1,251	674	1,299
投資その他の資産	27,304	36,360	42,604	35,423
固定資産合計	73,281	82,586	90,406	82,091
3　繰延資産				
繰延資産合計	0	0	0	0
資産合計	199,243	207,999	223,854	210,365
負債の部				
1　流動負債				
支払手形及び買掛金	17,367	16,067	15,077	16,170
短期借入金	24,012	23,579	22,951	23,514
１年内返済予定の長期借入金	5,533	7,066	3,090	5,230
未払法人税等	3,776	3,512	3,807	3,698
賞与引当金	1,694	1,754	1,827	1,758
役員賞与引当金	28	27	24	26
その他流動負債	7,901	7,646	9,255	8,267
流動負債合計	60,312	59,652	56,034	58,666
2　固定負債				
長期借入金	8,516	5,450	9,060	7,675
繰延税金負債	1,027	2,863	4,621	2,837
退職給付に係る負債	345	244	174	254
その他固定負債	2,341	1,967	2,701	2,336
固定負債合計	12,229	10,524	16,556	13,103
負債合計	72,541	70,176	72,590	71,769
純資産の部				
1　株主資本				
資本金	18,942	18,942	18,942	18,942
資本剰余金	13,611	13,611	13,611	13,611
利益剰余金	91,360	98,121	105,602	98,361
自己株式	△1,052	△699	△583	△778
株主資本合計	122,861	129,975	137,572	130,136
2　その他の包括利益累計額				
その他有価証券評価差額金	3,541	6,138	10,676	6,785
繰延ヘッジ損益	0	0	0	0
為替換算調整勘定	△ 834	20	894	27
退職給付に係る調整累計額	0	417	639	352
その他の包括利益累計額合計	2,707	6,575	12,209	7,164
3　新株予約権	0	0	0	0
4　非支配株主持分	1,133	1,272	1,482	1,296
純資産合計	126,701	137,822	151,263	138,595
負債・純資産合計	199,243	207,999	223,854	210,365

図表２-11　Ｂ企業の連結貸借対照表

（単位：百万円）

	X1年12月31日	X2年12月31日	X3年12月31日	3年平均
資産の部				
1　流動資産				
現金及び預金	4,916	2,653	3,658	3,742
受取手形及び売掛金	6,970	6,758	7,028	6,919
たな卸資産	3,799	2,914	3,344	3,352
未収入金	0	0	0	0
短期貸付金	0	0	0	0
繰延税金資産	207	186	181	191
その他	325	303	296	308
貸倒引当金	△33	△4	△74	△37
流動資産合計	16,184	12,810	14,433	14,476
2　固定資産				
有形固定資産	12,192	12,625	12,929	12,582
無形固定資産等	964	961	955	960
投資その他の資産	1,994	2,056	2,964	2,338
固定資産合計	15,150	15,642	16,848	15,880
3　繰延資産				
繰延資産合計	0	0	0	0
資産合計	31,334	28,452	31,281	30,356
負債の部				
1　流動負債				
支払手形及び買掛金	3,904	3,446	3,416	3,589
短期借入金	7,543	4,285	4,607	5,478
１年内返済予定の長期借入金	2,069	2,164	2,006	2,080
未払法人税等	42	100	196	113
賞与引当金	203	243	286	244
役員賞与引当金	0	0	0	0
その他流動負債	1,607	1,838	2,204	1,883
流動負債合計	15,368	12,076	12,715	13,386
2　固定負債				
長期借入金	4,437	4,272	4,267	4,325
繰延税金負債	0	0	0	0
退職給付に係る負債	2,199	2,912	2,885	2,665
その他固定負債	515	465	633	538
固定負債合計	7,151	7,649	7,785	7,528
負債合計	22,519	19,725	20,500	20,915
純資産の部				
1　株主資本				
資本金	8,443	8,443	8,443	8,443
資本剰余金	0	0	0	0
利益剰余金	256	840	2,566	1,221
自己株式	△36	△36	△37	△36
株主資本合計	8,663	9,247	10,972	9,627
2　その他の包括利益累計額				
その他有価証券評価差額金	△130	25	71	△11
繰延ヘッジ損益	△1	△9	△1	△4
為替換算調整勘定	47	82	69	66
退職給付に係る調整累計額	185	△636	△361	△271
その他の包括利益累計額合計	101	△538	△222	△220
3　新株予約権	0	0	0	0
4　非支配株主持分	51	18	31	33
純資産合計	8,815	8,727	10,781	9,441
負債・純資産合計	31,334	28,452	31,281	30,356

図表２-12　A企業の連結キャッシュ・フロー計算書

（単位：百万円）

	X1年１月１日～ X1年12月31日	X2年１月１日～ X2年12月31日	X3年１月１日～ X3年12月31日
1　営業活動によるキャッシュ・フロー			
税金等調整前当期純利益	20,492	23,723	25,296
減価償却費	9,544	8,515	8,452
引当金の増減額（△は減少）	0	0	704
受取利息及び受取配当金	△600	△660	△633
支払利息	341	280	211
固定資産処分損益（△は益）	361	284	332
売上債権の増減額（△は増加）	△770	3,019	△3,775
たな卸資産の増減額（△は増加）	△923	△2,281	△2,659
その他資産の増減額（△は増加）	0	0	0
仕入債務の増減額（△は減少）	△244	△1,529	△950
その他負債の増減額	0	0	0
その他	△1,277	△1,897	△715
小計	26,924	29,454	26,263
利息及び配当金の受取額	660	1,620	1,386
利息の支払額	△368	△287	△223
法人税等の支払額	△4,377	△7,028	△6,974
営業活動によるキャッシュ・フロー	22,839	23,759	20,452
2　投資活動によるキャッシュ・フロー			
投資有価証券の取得による支出	△81	△918	△1,648
投資有価証券の売却による収入	15	245	3,077
関係会社株式の取得による支出	-	△2,749	-
有形固定資産の取得による支出	△8,039	△8,999	△8,568
有形固定資産の売却による支出	△257	△170	△253
その他	△891	△880	△684
投資活動によるキャッシュ・フロー	△9,253	△13,471	△8,076
3　財務活動によるキャッシュ・フロー			
短期借入金の純増減額（△は減少）	2,453	△588	△854
長期借入れによる収入	3,000	4,000	6,700
長期借入金の返済による支出	△6,451	△5,533	△7,066
配当金の支払額	△4,006	△4,584	△4,814
非支配株主への配当金の支払額	△71	△48	△50
自己株式の取得による支出	△5,001	△5,001	△6,001
その他	△68	△48	△42
財務活動によるキャッシュ・フロー	△10,144	△11,802	△12,127
4　現金及び現金同等物に係る換算差額	530	394	337
5　現金及び現金同等物の増減額（△は減少）	3,972	△1,120	585
6　現金及び現金同等物の期首残高	27,906	31,878	30,758
7　現金及び現金同等物の期末残高	31,878	30,758	31,343

図表2-13　B企業の連結キャッシュ・フロー計算書

（単位：百万円）

	X1年1月1日～X1年12月31日	X2年1月1日～X2年12月31日	X3年1月1日～X3年12月31日
1　営業活動によるキャッシュ・フロー			
税金等調整前当期純利益	739	796	1,199
減価償却費	978	909	902
引当金の増減額（△は減少）	183	69	243
受取利息及び受取配当金	△25	△10	△24
支払利息	291	256	187
固定資産処分損益（△は益）	△47	△8	△17
売上債権の増減額（△は増加）	△62	189	△276
たな卸資産の増減額（△は増加）	△759	871	△429
その他資産の増減額（△は増加）	△125	57	36
仕入債務の増減額（△は減少）	491	△453	△35
その他負債の増減額	58	△41	202
その他	338	582	140
小計	2,060	3,217	2,128
利息及び配当金の受取額	26	11	24
利息の支払額	△292	△252	△183
法人税等の支払額	△89	△40	△166
営業活動によるキャッシュ・フロー	1,705	2,936	1,803
2　投資活動によるキャッシュ・フロー			
投資有価証券の取得による支出	0	△299	0
投資有価証券の売却による収入	299	0	0
関係会社株式の取得による支出	0	△243	0
有形固定資産の取得による支出	△523	△1,161	△944
有形固定資産の売却による支出	54	9	17
その他	△174	6	3
投資活動によるキャッシュ・フロー	△344	△1,688	△924
3　財務活動によるキャッシュ・フロー			
短期借入金の純増減額（△は減少）	△124	△3,239	311
長期借入れによる収入	2,000	2,000	2,000
長期借入金の返済による支出	△2,823	△2,069	△2,164
配当金の支払額	0	0	0
非支配株主への配当金の支払額	0	0	0
自己株式の取得による支出	0	0	0
その他	△14	△146	△12
財務活動によるキャッシュ・フロー	△961	△3,454	135
4　現金及び現金同等物に係る換算差額	42	△57	△9
5　現金及び現金同等物の増減額（△は減少）	442	△2,262	1,005
6　現金及び現金同等物の期首残高	4,474	4,916	2,653
7　現金及び現金同等物の期末残高	4,916	2,653	3,658

§１　総合的収益性分析

第３章で詳細を検討するが，財務諸表分析の実施にあたっては，資本収益性と財務流動性の両方に関係のある資本利益率，特に，一般的には，総資本経常利益率でまず判断すべきである。この分析によって全体的な目安をつけ，その上で個々の分析によって細部にわたって検討すべきである。総資本経常利益率は次式で計算される。

$$総資本経常利益率＝\frac{経常利益}{総資本}\times 100(\%)$$

上式により計算すれば**図表２-14**のとおりとなる。

図表２-14　各企業の総資本経常利益率

	A企業	B企業
X1年度	10.3%	3.2%
X2年度	11.4%	4.3%
X3年度	11.8%	4.3%

以上より，A企業の総資本経常利益率は安定し，かつ上昇傾向にあるから特に問題はないと考えられる。しかし，B企業は，総資本経常利益率は上昇しているとはいえ，非常に低い。したがって，B企業は細部にわたって検討の余地がある。そこで，総資本経常利益率を，仮に平均的には８％（業種により相違するが）を目標とすべきと考えれば，次式によりB企業の理想的な総資本額（許容総資本）が計算され，これと現実の総資本額とを比較すれば，問題の所在が明らかとなるであろう。

$$許容総資本＝\frac{経常利益}{目標総資本経常利益率}$$

図表 2-15　B企業の許容総資本と現実の総資本

	許容総資本	現実の総資本
X1年度	12,725百万円	31,334百万円
X2年度	15,325百万円	28,452百万円
X3年度	16,775百万円	31,281百万円

図表 2-15のように，B企業は，いずれにしても総資本が多すぎ，効率の悪さが明らかであり，総資本を減らすべきである。しかし，総資本を減らせば売上高が伸びないため，経常利益の増加に努力すべきである。

§2　資本収益性分析

次に，総資本経常利益率について，その内容を詳細に分析する。総資本経常利益率は，売上高経常利益率と総資本回転率に分解できる。

$$\text{総資本経常利益率} = \frac{\text{経常利益}}{\text{総資本}} = \frac{\text{経常利益}}{\text{売上高}} \times \frac{\text{売上高}}{\text{総資本}}$$

$$= \underset{\text{(資本収益性)}}{\text{売上高経常利益率}} \times \underset{\text{(財務流動性)}}{\text{総資本回転率}}$$

図表 2-16　売上高経常利益率と総資本回転率

	A企業		B企業	
	売上高経常利益率	総資本回転率	売上高経常利益率	総資本回転率
X1年度	13.32%	0.77回	4.49%	0.72回
X2年度	14.50%	0.79回	4.98%	0.86回
X3年度	15.41%	0.76回	5.76%	0.74回

図表 2-16より，A，B両企業の総資本回転率には大差はないが，B企業の売上高経常利益率に問題があることが明らかとなる。そこで，売上高経常利益率についてさらに詳細に分析する必要がある。この点は，総資本営業利益率（Ratio of Operating Profit to Total Capital）を分解した次式について分析すれば

明らかとなる。

$$総資本営業利益率=\frac{営業利益}{総資本}=\frac{営業利益}{売上高}\times\frac{売上高}{総資本}$$
$$=売上高営業利益率\times総資本回転率$$

図表２-17　売上高営業利益率と総資本回転率

	A企業		B企業	
	売上高営業利益率	総資本回転率	売上高営業利益率	総資本回転率
X1年度	12.71%	0.77回	5.71%	0.72回
X2年度	13.59%	0.79回	6.84%	0.86回
X3年度	14.80%	0.76回	6.97%	0.74回

図表２-17の分析より，Ａ企業とＢ企業との差は，売上高営業利益率，つまり収益力にあるといえる。したがって，Ａ企業は問題ないが，Ｂ企業は収益力向上に努力すべきである。そのような方策を考えて，今後の財務管理のあり方を検討すべきである。また，Ａ，Ｂ企業ともに時系列的には，総資本回転率に顕著な変化はみられないから，いずれの場合も売上高利益率という収益性の向上が今後の課題といえる。

以上の点に関して，キャッシュ・フローの観点から検討する。キャッシュ・フロー計算書により資本収益性を判断する指標には種々あるが，ここでは営業キャッシュ・フロー・マージンについて検討する。営業キャッシュ・フロー・マージンは次式により計算される。

$$営業キャッシュ・フロー・マージン=\frac{営業キャッシュ・フロー}{売上高}\times100(\%)$$

これは前出の売上高経常利益率のキャッシュ・フロー版といえる。Ａ，Ｂ両企業について計算すれば**図表２-18**のとおりである。

図表２－18　営業キャッシュ・フロー・マージン

	A企業	B企業
X1年度	14.85%	7.53%
X2年度	14.52%	11.94%
X3年度	11.95%	7.74%

以上のように，Ａ企業に比べ，Ｂ企業は収益性について問題があることは明らかである。

§３　財務安全性（短期財務流動性）分析―財務体質の分析―

まず自己資本比率について分析する。自己資本比率は次式で計算される[2]。

$$自己資本比率=\frac{自己資本}{総資本}\times 100(\%)$$

図表２－19　自己資本比率

	A企業	B企業
X1年度	63.02%	27.97%
X2年度	65.65%	30.61%
X3年度	66.91%	34.37%

図表２－19より，Ａ企業の自己資本は65％前後で推移しているので，財務体質の問題はなく，また固定資産取得の資金源としての財務安定性の問題もないといえる。一方で，Ｂ企業の自己資本比率は低く，財務体質および財務安定性の両面において問題があるため，さらなる分析が必要である。そこで，支払能力（債務弁済能力）について分析する。なお，自己資本と他人資本との比率関係に関しては，いわゆる「ファイナンシャル・レバレッジ」の問題を検討する必要があるが，この点に関しては第７章第６節で詳細に検討する。

支払能力（債務弁済能力）については以下の比率を検討しなければならない。まず流動比率（Current Ratio）について分析する。流動比率は次式により計算される。

$$流動比率=\frac{流動資産}{流動負債}\times 100(\%)$$

図表２-20　流動比率

	A企業	B企業
X1年度	208.85%	105.31%
X2年度	210.24%	106.08%
X3年度	238.16%	113.51%

流動比率は一般に200%以上が好ましいといわれるから，**図表２-20**よりＡ企業の支払能力に問題はないと考えられる。Ｂ企業の支払能力については，より一層の分析が必要である。つまり，棚卸資産やその他の流動資産は返済能力として問題があるため，より確実な返済能力について分析する必要がある。そこで，当座比率（Quick Ratio）（または酸性試験比率）について分析する。当座比率は次式により計算される。

$$当座比率=\frac{当座資産}{流動負債}\times 100(\%)$$

図表２-21　当座比率

	A企業	B企業
X1年度	146.80%	77.34%
X2年度	142.15%	77.93%
X3年度	159.68%	84.04%

当座比率は一般に100%以上が好ましいといわれ，「１対１の原則」ともいわれる。したがって，**図表２-21**よりＡ企業は問題ないが，Ｂ企業は支払能力の点で問題があり，財務体質の改善に早急に努力しなければ，いわゆる「黒字倒

産」に陥る可能性があるといえる。

以上の点に関して，キャッシュ・フローの観点から検討する。キャッシュ・フロー計算書により支払能力を判断する指標としては種々あるが，ここでは，営業キャッシュ・フロー対流動負債比率について検討する。営業キャッシュ・フロー対流動負債比率は次式により計算される。

$$\text{営業キャッシュ・フロー対流動負債比率}=\frac{\text{営業キャッシュ・フロー}}{\text{流動負債}}\times 100(\%)$$

この比率は前出の当座比率のキャッシュ・フロー版であり，当座比率よりも支払能力をシビアーにみる指標である。A，B両企業について計算すれば**図表2-22**のとおりとなる。

図表2-22　営業キャッシュ・フロー対流動負債比率

	A企業	B企業
X1年度	37.87%	11.09%
X2年度	39.83%	24.31%
X3年度	36.50%	14.18%

この比率が高いほど，資産の売却や外部からの資金調達に頼らずに，営業活動による内部で創出した資金で短期的債務の返済の可能性が高いことを示す。したがって，A企業については特に問題ないが，B企業については支払能力に問題があるといえる。

§4　財務安定性（長期財務流動性）分析—固定資産取得財源の分析—

固定資産等長期資産の取得にあたっては，自己資本あるいはそれに近い返済期限の長い長期資本を財源としなければならない。そこで，固定比率（Fixed Assets Shareholders' Equity）と固定長期適合率について分析する。固定比率，固定長期適合率は次式により計算される。

$$固定比率 = \frac{固定資産}{自己資本} \times 100(\%)$$

$$固定長期適合率 = \frac{固定資産}{自己資本 + 固定負債} \times 100(\%)$$

図表2-23　固定比率および固定長期適合率

	A企業		B企業	
	固定比率	固定長期適合率	固定比率	固定長期適合率
X1年度	58.36%	53.18%	172.87%	95.19%
X2年度	60.48%	56.15%	179.61%	95.62%
X3年度	60.36%	54.35%	156.73%	90.90%

固定比率，固定長期適合率は一般に100%以下が好ましいといわれる。したがって，**図表2-23**より固定比率でみた場合，A企業は問題ないが，B企業には財務的に問題がある。また，固定長期適合率でみた場合，B企業は100%を若干下回っているものの，改善の余地があるといえる。これらの原因は，固定資産が過大であるのか，自己資本または自己資本を含めた長期資本が過小であるのか，それとも両者のバランスに問題があるのか，いずれであるか分析する必要がある。この点について，まず固定資産比率により分析する。固定資産比率は次式により計算される。

$$固定資産比率 = \frac{固定資産}{総資産} \times 100(\%)$$

図表2-24　固定資産比率

	A企業	B企業
X1年度	36.78%	48.35%
X2年度	39.70%	54.98%
X3年度	40.39%	53.86%

図表２-24の結果，Ｂ企業はＡ企業よりも総資産に占める固定資産の割合が過大である傾向があることがわかる。さらに，次に固定資産回転率（Turnover of Fixed Assets）について分析する。固定資産回転率は次式により計算される。

$$\text{固定資産回転率}=\frac{\text{売上高}}{\text{(平均)固定資産}}$$

図表２-25　固定資産回転率

	Ａ企業	Ｂ企業
X1年度	1.87回	1.43回
X2年度	1.99回	1.55回
X3年度	2.09回	1.47回

図表２-25の結果，Ｂ企業はＡ企業よりも売上高の水準からみて固定資産が過大であり，固定資産の効率性が低いことがわかる。

これまでの分析の結果，Ｂ企業は，総資産や自己資本，自己資本を含めた長期資本の観点から固定資産が過大であり，また，売上高の水準からみても固定資産が過大であり，この点の改善が必要である。なお，Ｂ企業は財務安全性（短期財務流動性）についても問題があることから，財務安全性（短期財務流動性）を改善しつつ，その上で，財務安定性（長期財務流動性）を改善することが必要となる。

§５　生産性（付加価値）分析

企業の生産能率の測定には生産性（付加価値）分析が有効である。生産性とは，生産に投入された生産要素であるインプット（Input）と，その結果の産出物であるアウトプット（Output）との関係，つまり，$\frac{\text{アウトプット}}{\text{インプット}}$で表現される。インプットとしては労働力と資本，具体的には従業員と生産設備，そしてアウトプットとしては当該企業が内部で純粋に創り出した付加価値（Value Added）で表現される。すなわち，生産性とは，企業が労働力と生産設備を用いて，どれだけの付加価値を創出したかを示すものであり，次式で表される。

$$生産性=\frac{付加価値}{労働力+資本}=\frac{付加価値}{従業員+生産設備}$$

生産性分析にあたり，従業員数と生産設備のデータは財務諸表等より直接入手できるが，付加価値は財務諸表からは直接入手できない。したがって，付加価値の計算について検討する必要がある。付加価値の計算には控除法（Subtraction Method）（減算法）と加算法（Addition Method）（集計法）とがある。控除法は，生産高（または売上高）から，他企業から受け入れた生産物の消費額（たとえば，材料費・減価償却費等）を控除して算出する方法であり，次式のように表される[3]。

付加価値＝生産高（または売上高）－（材料費＋外注加工費＋消耗品費＋保険料＋修繕費＋減価償却費等）

また，加算法は付加価値そのもの（たとえば，人件費・利子・地代・税金・利益等）を加算して算出する方法であり，次式で表される。

付加価値＝人件費＋利子＋地代＋賃借料＋税金（租税公課）＋利益（経常利益）

一般的には，実務上，計算の正確性という視点から加算法が使用されているので，本章においても加算法に従って計算する。

ところで，設備に関してはリースやレンタルによるケースが多々みられる。この際，企業は減価償却費を計上せず賃借料を計上する場合や，実質的に当該設備を購入したとして減価償却費を計上する場合があり，適用する会計制度によって異なる。ここで，加算法を採用すれば，上式より賃借料は付加価値を構成する要素であるが，減価償却費は付加価値を構成する要素とはならないため，付加価値計算に相違がみられ，正確な計算ができなくなる。そこで，付加価値計算においては，本来の付加価値である純付加価値に減価償却費を加えた粗付加価値で計算されることになる。

粗付加価値＝人件費＋利子＋地代＋賃借料＋税金（租税公課）＋利益(経常利益)
＋減価償却費

投入された生産要素については，労働力は従業員数という人数で測定され，資本は生産設備（有形固定資産）という金額で測定されるため，両者を統一して計算することはできない。したがって，労働生産性と資本生産性に分けて分析しなければならない。

$$労働生産性=\left(\frac{アウトプット}{労働力}=\frac{付加価値}{従業員数}\right)$$

$$資本生産性=\left(\frac{アウトプット}{資本}=\frac{付加価値}{生産設備額(有形固定資産)}\right)$$

さらに，労働生産性は，

$$労働生産性=\frac{売上高}{従業員数}\times\frac{付加価値}{売上高}$$

＝１人当たりの売上高×付加価値率(売上高に占める付加価値の割合)

で表せられ，資本生産性は，

$$資本生産性（設備生産性・設備投資効率）=\frac{付加価値}{売上高}\times\frac{売上高}{有形固定資産}$$

＝付加価値率×有形固定資産回転率

で表される。

以上に従って，Ａ，Ｂ企業について分析すれば**図表２-26，２-27**のようになる。

図表２-26　**A企業の労働生産性および資本生産性**

	労働生産性	１人当たりの売上高	付加価値率
X1年度	¥17,351,859	¥58,952,089	29.43%
X2年度	¥18,242,424	¥61,991,667	29.43%
X3年度	¥19,059,088	¥64,026,178	29.77%

	資本生産性	付加価値率	有形固定資産回転率
X1年度	102.87%	29.43%	3.50回
X2年度	107.08%	29.43%	3.64回
X3年度	108.14%	29.77%	3.63回

図表２-27　**B企業の労働生産性および資本生産性**

	労働生産性	１人当たりの売上高	付加価値率
X1年度	¥3,350,205	¥30,990,424	10.81%
X2年度	¥3,408,470	¥33,602,459	10.14%
X3年度	¥3,508,725	¥31,252,349	11.23%

	資本生産性	付加価値率	有形固定資産回転率
X1年度	20.09%	10.81%	1.86回
X2年度	19.76%	10.14%	1.95回
X3年度	20.22%	11.23%	1.80回

以上より，労働生産性の視点からみれば，A企業とB企業には，**図表２-28**のような差があることがわかる。

図表２-28　**労働生産性**

	A企業	B企業	差
X1年度	¥17,351,859	¥3,350,205	¥14,001,654
X2年度	¥18,242,424	¥3,408,470	¥14,833,954
X3年度	¥19,059,088	¥3,508,725	¥15,550,363

そこで，１人当たりの労働生産性の差の原因を追求するために，１人当たりの売上高の差を求めれば**図表２-29**のとおりになる。

図表２-29　**１人当たりの売上高**

	A企業	B企業	差
X1年度	¥58,952,089	¥30,990,424	¥27,961,665
X2年度	¥61,991,667	¥33,602,459	¥28,389,208
X3年度	¥61,991,667	¥31,252,349	¥30,739,318

以上より，A企業とB企業の各年度の１人当たりの売上高の差は２倍程度，各年度の付加価値率はいずれも３倍程度の差が生じていることがわかる。した

がって，B企業は，１人当たり売上高および付加価値率の両方に問題があり，特に，付加価値率の改善策を検討する必要があるといえる。

また，資本生産性についてみれば，A企業とB企業の有形固定資産回転率には２倍弱の差があり，また，資本生産性についても相当の差があることから，設備資産の有効利用という観点からも問題があり，過剰設備や不採算設備，遊休設備等の処分を検討する必要がある。このように，B企業は従業員と設備というソフト，ハードの両面に問題があるといえる。

§６　成長性分析および総括

最後に，将来への成長性について分析する。成長性を端的に表す項目は，①売上高，②経常利益，③総資本，④従業員数である。A，B両企業について，X１年度を基準としてこれらの各項目の伸び率を分析すれば**図表２−30**のとおりである。

図表２−30　各項目の伸び率

	売上高		経常利益	
	A企業	B企業	A企業	B企業
X1年度	100.00	100.00	100.00	100.00
X2年度	106.41	108.58	115.77	120.43
X3年度	111.31	102.78	128.79	131.83

	総資本		従業員数	
	A企業	B企業	A企業	B企業
X1年度	100.00	100.00	100.00	100.00
X2年度	104.39	90.80	101.19	100.14
X3年度	112.35	99.83	102.49	101.92

以上，各項目の絶対額の伸び率を分析した結果では，A，B両企業ともに成長性があると判断される。しかし，この４つの要素のバランスがむしろ問題である。いずれか１つあるいは２つの項目が絶対額で増加しただけでは，必ずしもその企業が健全に成長したとはいえない。売上高・経常利益・総資本の３者の関係は資本利益率の問題であり，資本利益率の向上が企業の成長性の重要な

ポイントになる。すでに検討したように，Ａ企業は特に問題はないが，Ｂ企業は総資本，特に固定資産が過大であり，かつ従業員の過剰が問題であるといえる。

以上，Ａ，Ｂ両企業のケースについて主要比率に基づいて分析してきたが，Ａ企業はほとんどの視点からみて特に問題はなく，Ｂ企業は種々な点（たとえば，収益性の低さ，過大資本）で問題があり，改善の必要性に迫られているといえる。

第４節　新しい企業評価・総合評価
―質的要因を加味した分析・評価―

以上，一連の流れに従って主要比率を中心に分析してきたが，最後に，企業評価を行う際の評価項目（要素）の一例について，日本経済新聞社による企業評価ランキングである，CASMA（カスマ：NEEDS-CASMA：Corporate Appraisal System by Multi-variate statistical Analysis），PRISM（プリズム：PRIvate Sector Multi-angular evaluation system），NICES（ナイセス）を取り上げる。

①　CASMA

CASMAは，日本経済新聞社の財務データベースである「NEEDS」のデータをもとに，上場企業2,303社（銀行，証券，保険，その他金融および債務超過企業，新興企業向け市場を除く）を対象とした総合的評価である。評価項目およびその比重は年ごとに異なるが，2008年10月の調査では，**図表２-31**のとおり評価項目（要素）として次の財務指標がその比重とともに示されている[4]。

図表2-31 CASMAの評価項目（要素）

評価項目（要素）の区分とその比重	評価項目（要素）の内容
(1)規模（31.8%）	①売上高，②総資産，③従業員数，④営業キャッシュ・フロー
(2)収益性(30.6%)	①売上高経常利益率，②自己資本利益率，③使用総資本経常利益率，④従業員1人当たり利払い後事業利益
(3)安全性(26.3%)	①借入金依存度，②有利子負債利子負担率，③売上高純金利負担率，④自己資本比率
(4)成長力(11.3%)	①総資産伸び率1年（前期比），②従業員伸び率3年（3期前比），③自己資本伸び率3年（3期前比）

② PRISM

PRISMは，東京証券取引所および非上場有力企業を対象とした総合的評価システムであり，財務的資料に加えて定性的要素を取り入れ，共分散構造分析により分析している。評価項目（要素）およびその比重は年ごとに異なるが，2008年3月公表の調査結果における主な評価項目（要素）は**図表2-32**のとおりである[5]。

図表2-32 PRISMの主な評価項目（要素）

評価項目（要素）の区分	評価項目（要素）の内容
(1)柔軟性・社会性	①社会貢献，②リスク管理，③法令順守，④子育て支援，他22指標
(2)収益・成長力	①売上高経常利益率，②自己資本利益率，③利益剰余金，④売上高平均増加額，他1指標
(3)開発・研究	①売上高研究開発費比率，②研究開発従業員比率，③特許出願状況，④知財管理，他4指標
(4)若さ	①部長最年少昇進年齢，②非正社員向け制度，③中途採用者比率，他1指標

③ NICES

NICESは，日本経済新聞社による従来の評価手法であるCASMAとPRISMを統合した評価手法である。この名称は，評価に用いる4つの視点（投資家(Investor)，消費者（Consumer)，従業員（Employee)，社会（Society)）に日経の

Nを付けたものといわれ[6]，2015年11月公表の調査結果によれば，**図表2-33**に示す区分により評価スコアが作成されている[7]。

図表2-33　NICESの評価項目

評価項目の区分	評価項目の内容
(1)投資家	①時価総額の増減，②配当・自社株買い，③資本構成，④利益率の確保，⑤財務情報公開，⑥取締役会・株主構成
(2)消費者・社会	①認知度，②好感度，③雇用の拡大・維持，④納税，⑤社会貢献・環境
(3)従業員	①ワークライフバランス，②育児・介護支援，③女性の登用，④人材育成・定着率，⑤多様な人材活用，⑥給与・待遇改善
(4)潜在力	①業績の安定性・成長性，②投資，③外部評価

このように，企業の総合評価にあたっては，財務指標を中心とした伝統的評価方法から，財務指標に加えて質的な要因を考慮した分析指標へとシフトしている。つまり，経営分析にあたっては，資本収益性や財務安全性（短期財務流動性），財務安定性（長期財務流動性）に関する指標に加えて，質的な指標を考慮して総合評価をすべきであることを示している。

●注

1　財務諸表分析は19世紀末から20世紀初頭にかけて実務として発達し，1920年代になり，理論的体系化が行われるようになった。

2　自己資本は，純資産合計額から，新株予約権および非支配株主持分を控除して算出した。

3　付加価値概念については，藤井則彦『日本の会計と国際会計（増補第3版）』中央経済社，1997年，227-229頁参照。

4　日本経済新聞朝刊，2008年10月18日，12面。

5　日本経済新聞朝刊，2008年3月10日，13面。

6　古山徹「日経の企業評価システム―NICESの評価方法を中心として」『年報経営分析研究』第29号，2013年，72頁。

7　日本経済新聞朝刊，2015年11月27日，30面。

第 3 章

利益管理

利益管理は利益計画と利益統制からなる。本章では利益計画に焦点を当てて説明する。短期利益計画においては，まず目標利益（率）をいかに表示するかが問題となる。それには種々の表示方法があるが，資本利益率が一般には妥当であるから，資本利益率に焦点を合わせ，その算定方法について検討する。資本利益率は売上高利益率と資本回転率の積で表せるから，まず，売上高利益率に関して，損益分岐点ならびに利益図表について検討する。そして，資本回転率に関しては資本回収点ならびに資本図表について説明し，最後に目標利益達成点ならびに利益計画図表について説明する。

第１節　利益管理の内容
―財務管理と会計との有機的関係・接点・相違に関連して―

企業は継続的に発展するために利益を創出しなければならない。しかしながら，過度な利益へのプレッシャーは，近年の企業不祥事にもみられるように不正な行動や不正会計につながる可能性がある。したがって，コーポレート・ガバナンスの観点からも適正な利益の管理（計画と統制）が企業にとって重要となる。

利益管理は利益計画（Profit Planning）と利益統制（Profit Control）からなる。さらに利益統制については，具体的には予算実績差異分析を実施することになり，この利益統制の結果，次期の利益計画や，経営戦略，中期経営計画へフィードバックされることになる。ところで，この予算実績差異分析は，現実には管理会計の中心的内容の１つである予算管理の範疇に属するから，利益統制は財務管理の課題というよりも，むしろ会計（管理会計）の中心的課題といえよう。しかも利益統制を手段として，次期の利益計画を樹立するという目的が達成されるから，本書の主旨である財務管理が目的であり，管理会計はそのための手段といえよう。

以上の事柄を経営計画の構造に即して**図表３－１**のように示す。

なお，財務管理の中心的課題の１つである利益計画と，管理会計（予算管理）の範疇に入る予算編成との関係について，ここで触れておくこととする。両者の関係については基本的には２つの考え方があり，いずれが妥当な考え方であるかは問題ではなく，要はケースバイケースであるので，この点について検討する。

Ⓐ　利益計画が先に設定され，それに従って予算が編成されるという考え方

この考え方は，図表３－１の経営計画の構造図と一致する考え方であり，また旧通産省産業合理化審議会もこの見解をとっている。つまり，「経営方針遂行のための利益計画；利益計画と内部統制」において，「内部統制の遂行において，その第１段階となる予算は，全般的経営方針に従って樹立される利益計

図表３－１　経営計画の構造

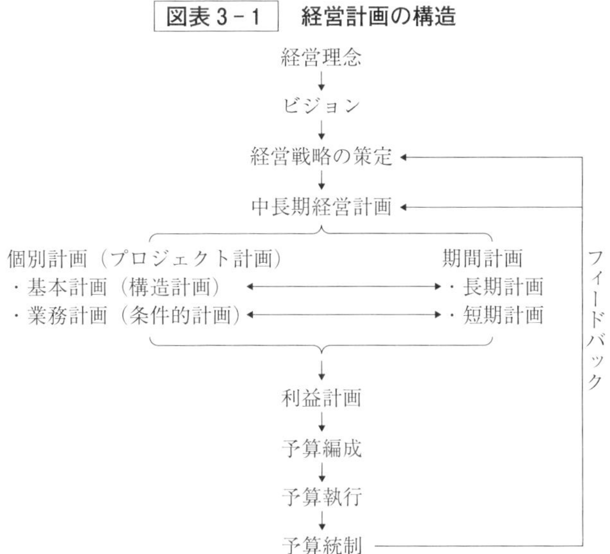

画にもとづいて編成されることになる[1]」。したがって，理論的にはこの考え方が妥当であると考えられる。

また，日本企業においては，現場の意見を反映することが強みとされるため，予算編成においてもボトムアップ式の組織運営が一般的な日本企業では，この方式がよいとされる。一方，問題としては予算編成において時間とコストがかかる点である。

(B)　利益計画は予算編成の過程の中におりこまれて設定される。つまり，予算編成自体が利益計画設定の具体的手段であるとする考え方

この考え方は，G. A. Welsch の提唱する見解であり[2]，また，日本の原価計算基準もこの見解に立っていると考えられる[3]。つまり，「予算編成の過程は，たとえば製品組合せの決定，部品を自製するか外注するかの決定等個々の選択的事項に関する意思決定をふくむことはいうまでもない。」という文言より推測されよう。

なお，このように考えると，むしろ，予算編成＝利益計画として，予算編成という名称を利益計画とすべきであるという考え方もある。この考え方を提唱

しているのはM. Averyである[4]。

この考え方は，トップマネジメントの意向が予算に反映されやすいが，現場の意見との乖離が生じ，期中に修正作業が必要となる場合がある。欧米のトップダウン型の経営ではこの方式が多いとされているが，現場を重視しボトムアップ型の慣行が強い日本企業の組織には適応しにくいとされている。

以上のように，理論的には(A)の考え方がとられるべきであろうし，実務的にみても，一般に大企業においてはこの考え方が妥当であろうと考えられる。他方，中小企業や環境変化の少ない大企業においては種々の事情からして，(B)の考え方が現実的であろうと考えられる。しかしながら，利益計画と予算編成とでは次のような点で相違がみられるので，一般には(A)の考え方が妥当であろう[5]。その相違点を列挙すれば次のとおりである。

① 当初の利益計画では大綱的な計画化が行われても，細部の具体的計画は予算によって行われる。利益目標を実行に移すために，実施に関する部門責任に従って定めた予算が必要である。予算は必ずしも利益目標の数字がそのまま適用されるものではないので，両者は異なることがある（**大綱化と具体化**）。

② 利益計画はトップマネジメントで計画されるものであり，予算編成は下部の実施担当部門で行われるので，両者には意識の相違がみられることがあり，両者は異なることがある（**担当者の相違**）。

③ 上層部で行う利益目標の決定は，大綱的なもので予算編成の指針にはなるが，そこには希望的要素が入っており，予算編成においては，実施担当部門の現実を反映した現実的かつ具体的にシビアーな計画が導入されるから，両者は異なることがある（**希望と現実**）。

④ 利益目標の決定と予算編成とでは，時間的なズレが生じることがあるから，その間の情勢変化により，両者が一致しないことがある（**時間的ズレ**）。

第2節　利益計画の前提

近年，多様なステークホルダーを意識した経営が強く求められるようになり，経営理念やビジョン，そしてそれらを踏まえた中期経営計画の策定や開示が重要となっている。企業は，経営理念や長期的なビジョンのもと，中長期経営計画を作成する。そして，中長期計画を実現するための経営戦略が策定される。利益計画は，トップマネジメントのビジョンや経営戦略を会計数値で表したものであり，具体的な「目標利益（率）」の形で示される。

企業理念は企業の存在意義やミッション（社会的使命）などの価値観を明確に表したものである。経営理念はクレドやフィロソフィともいわれ，社是や社訓などによって掲げられている。たとえば，パナソニックでは，創業者・松下幸之助が定めた経営理念である綱領「産業人タルノ本分ニ徹シ社会生活ノ改善ト向上ヲ図リ世界文化ノ進展ニ寄与センコトヲ期ス」を根幹とし，グローバル化した現代にもわかりやすいように，ブランドスローガンとしてA Better Life, A Better Worldという形に変えて表現している[6]。

自ら定めた社会的使命を果たすためにビジョンが策定される。ビジョンは，企業の将来のあるべき姿，ある時点での実現を目指す目標を示すものである。

経営理念やビジョンの実現に向けた具体的な手段や道筋が経営戦略である。すなわち，目標と現実とにはギャップがあるため，そのギャップを埋めるための具体的な方法を示す。経営戦略を策定するためには，外部環境を分析して自社のポジションニングを明確にし，また，自社の資源を分析することで，コアコンピタンスやケイパビリティを考慮する必要がある。

策定された経営戦略に従い中長期経営計画が作成される。高度成長期頃までは，10年を期間とする長期経営計画を導入している企業が多くみられたが，近年は長期的なビジョンを持ちながら，３年から５年を期間とする中期経営計画を作成する企業が一般的である[7]。これは企業を取り巻く環境の変化が早く，不確実性が高まり，また，製品ライフサイクルも短縮化するなど，長期経営計画が現実的ではなくなったためと推察される。

近年，企業は自発的に中期経営計画を開示している。ホームページなどの媒体を使い，投資家だけでなく，多様なステークホルダーに積極的に開示している。これらもディスクロージャーを含めたガバナンスの一環といえるだろう。生命保険協会の上場企業1,136社を対象にした調査[8]では，約80%の企業が数値目標を明記した中長期計画を公表している。また，投資家の立場から，コーポレート・ガバナンスに関しての取組み強化を期待する事項では「経営計画・経営戦略」が最も高く，取締役会の議題として「経営目標・指標の適切性」を重視すべきだとの結果がでている。企業側の立場でも，コーポレート・ガバナンスに関して今後取組みを強化する事項として「経営計画・経営戦略」が最も高い。取締役会の議題として重点的に取り上げたいテーマとしては，「経営戦略の立案」であるとしている。

このように，経営戦略を含めた中期経営計画は企業内部の経営管理の情報としてだけでなく，外部のステークホルダーへの開示事項としても重要な役割を担うようになってきている。

第３節　利益計画および大綱的利益計画[9]

利益計画は長期利益計画（Long-range Profit Planning）と短期利益計画（Short-range Profit Planning）とに大別できる。長期利益計画は戦略的な意味をもった計画であって，設備投資計画，新製品開発計画，新市場開拓計画，組織・要員計画等を通常５年以上の期間として計画したものである。しかし，企業経営を取り巻く内外の環境がめまぐるしく変化する今日においてはあまり意味をなさないと考えられる。他方，短期利益計画は業務執行的な計画であり，利益計画といえばむしろこの短期利益計画を意味するものと考えられる。なお，経営計画と同様，長期利益計画と短期利益計画の中間としての２・３年の中期利益計画がある。

そこで，この長期と短期の利益計画の関係について検討すれば，短期利益計画を樹立するに際して，長期利益計画がどのように関連するかが問題である。これには２つの考え方がある。１つは長期利益計画のみが設定され，中期利益計画が設定されていない場合であり，この場合には短期利益計画は長期利益計画の初年度として設定されるか，または長期利益計画とは切り離して別個に設定されることになる。なお，この場合，前者についての短期利益計画はローリング方式（Rolling Stone Method）によることとなる。ローリング方式では，利益計画の最終年度に期中の環境変化を考慮して計画を見直して，それを１年ずつ付け加え，次年度を利益計画の初年度とする方式を繰り返す。２つ目は，中期利益計画が設定されている場合であり，この場合には短期利益計画は中期利益計画の初年度として設定されることになる。前述のとおり，近年の企業経営を取り巻く環境下では，短期利益計画は長期利益計画と切り離して別個に設定されるのが一般的である。そして，利益計画は中・長期利益計画をにらみながら設定されることは当然であるから，利益計画は実務上，トップダウン方式によって行われる。

第4節　短期利益計画についての具体的内容

§1　利益計画の意義

利益計画の意義については旧通産省産業合理化審議会の「経営方針遂行のための利益計画」[10]において次のように表現されており，この表現につきると考えられる。つまり，「企業の経営方針として，目標とすべき利益率が明示されたとすれば，これは長期にわたっての平均目標となるであろう。この目標利益率を勘案して来年度における目標利益率をいかにするか，またこれをどうやって実現するかを計画したものが利益計画である。したがって利益計画は，多くは短期の性質のものである」。

この表現にあるように，結局，利益計画は目標利益を決定し，その目標利益の達成方法を明らかにすることであり，利益計画の目的は最小限の犠牲（投下資本）で最大の効果（利益）をあげることにあるといえよう。また，第3節でもふれたように，利益計画といえば，一般には短期利益計画を意味することになる。そこで，この利益計画の意義に従って，以下，短期利益計画について詳細に検討する。

§2　短期利益計画樹立の際の考え方

短期利益計の樹立にあたっては，短期利益目標を設定しなければならない。その際考えるべきことが2つある。1つ目は，利益計画は費用計画と収益計画とを含むから，費用・収益・利益の3者関係（いわゆるC-V-P関係，Cost-

Volume-Profit Relationship）の検討である。２つ目は，資金計画との関係である。つまり，いかにすぐれた利益目標を設定し，利益計画を樹立したとしても，資金的裏付けがなければ実行できないため，資金計画との整合性をはかるべきである。すなわち，設定した目標利益の実現可能性を資金計画によってチェックし，より実現可能な目標利益になるようフィードバックする必要がある。この点の詳細については第５章で取り扱うため，本章では利益計画に焦点をおいて検討することとする。

まず，費用・収益・利益の３者関係をベースに，短期利益計画樹立の際の３つの考え方について検討する。

①　計画（予定）収益－計画（予定）費用＝計画（予定）利益

この考え方は，収益から費用を引いた残余として利益を計画したものであり，受動的に利益を決めている。すなわち，財務会計（決算会計）における事後的な利益についての考え方であり，将来の利益を計画するという観点からすると消極的である。したがって，利益計画における有効な考え方でないといえよう。

②　計画（予定）収益－目標（計画）利益＝許容費用

①の考え方と比べると，利益に対して積極的である。この考え方は，製造業における製造原価のコストダウンという点で効果がある。しかし，過度なコストダウンのプレッシャーによる疲弊は，従業員のモチベーションの低下や品質の低下を招き，その結果，却って収益や利益を低下させる可能性があるため，企業成長という視点より問題である。つまり，この考え方は管理の内容のうち調整・統制に重点をおいた場合には有効であるといえる。

③　目標利益＝計画（予定）収益－計画（予定）費用
＝(計画収益－変動費)－固定費
＝限界利益－固定費

この考え方[11]は，目標利益を実現するために，収益と費用とを相互関連的に計画すべきであるという考え方である。さらに，この考え方は限界利益と固定費とを相互関連的に計画するという点で最もすぐれた利益計画の考え方であるといえよう（なお，変動費，固定費および限界利益については本節§7，§8で詳述）。

§3　短期利益計画樹立のプロセス

以上のような短期利益計画の考え方にもとづいて，具体的な利益計画が樹立されることになる。企業の規模・業種業態により異なるが，その際の順序として一般には，次のような順序によるものと考えられる。

① 目標利益（率）の決定
② 売上収益，限界利益の計画
③ 利益改善策の検討・評価
④ 利益計画と資金計画との調整
⑤ 利益計画の最終決定

①翌期に達成すべき目標利益（率）を，経営戦略会議などの上層部で決定する。これに基づき，②目標利益（率）を確保するための売上高，費用を計画する。ここでは，費用を変動費と固定費に分け，売上高から変動費を差し引いた限界利益を算定する。そして期間原価としての固定費を計画する。次に，③目標利益と予想される利益との間のギャップを解消するための利益改善策を検討・実施する。ギャップを埋める（利益改善）ためには，収益を増加させる施策や費用削減案の模索が必要である。そして，④改善された利益計画と資金計画との調整が行われ，⑤総合的期間計画として，利益計画が最終決定される。

§4　利益計画における目標利益の示し方

以上のように，利益計画樹立にあたっては，まず目標利益（率）を決定することからはじめなければならないが，その際の目標利益（率）の示し方としては次の3つが考えられる。

① 資本利益率（投資利益率）
② 売上高利益率
③ 期間利益額

以上３つの示し方のうち，一般的には①資本利益率（Rate of Return on Investment）が最も理論的に妥当な示し方である。つまり，資本利益率は次のように表される。

$$\text{資本利益率} = \text{売上高利益率} \times \text{資本回転率}$$

$$\frac{\text{利益}}{\text{資本}} = \frac{\text{利益}}{\text{売上高}} \times \frac{\text{売上高}}{\text{資本}}$$

売上収益性を表す売上高利益率は損益計算書に関連があり，資本効率を表す資本回転率は貸借対照表に関連がある。したがって，両者の積である資本利益率は，総合管理としての利益計画の立場から最も妥当であるといえよう。しかしながら，すべての企業において適正な指標ではなく，たとえば，中小企業など使用資本の変動が少ない企業では，資本利益率で示すことは無意味であり，売上高利益率や期間利益額をもって示すのが一般的である。

このように，理論的には資本利益率が最も妥当な目標利益（率）の示し方であると考えられる。資本利益率の資本概念および利益概念の捉え方によって種々の考え方が可能である。たとえば，資本について考えると，資本（資産）効率に重点をおくなら総資本を使用すべきであるし，より厳密に実際使用している資本でみるなら，経営資本を使用すべきである。以下，経営資本利益率と総資本純利益率について検討する。

(イ) 経営資本営業利益率（経営資本利益率）

この場合，資本として，実際の経営活動に使用され役立っている資本である経営資本を分母として用いる。すなわち，総資本から建設仮勘定・関係会社投資・投資不動産等の経営外資本を除いた資本を用い[12]，利益には営業外損益や特別損益を除いた営業利益を用いる。

$$経営資本営業利益率 = \frac{営業利益}{経営資本}$$
$$= \frac{営業利益}{売上高} \times \frac{売上高}{経営資本}$$
$$= 売上高営業利益率 \times 経営資本回転率$$

(ロ)　総資本純利益率（総資本利益率）

この場合，資本として，貸借対照表の借方または貸方の合計金額（資産合計額，負債純資産合計額）を，そして，利益には営業外損益や特別損益を含めた当期純利益を用いる。

$$総資本純利益率 = \frac{純利益}{総資本}$$
$$= \frac{純利益}{売上高} \times \frac{売上高}{総資本}$$
$$= 売上高純利益率 \times 総資本回転率$$

そこで，以上２つについていずれが適当な指標であるかを検討する。理論的には(イ)の経営資本営業利益率を採用すべきであろう。なぜならば，企業は経常的な営業活動を中心として経営管理し，また営業利益を実現するには，実際に活動している資本である経営資本を用いるべきであるからである。しかしながら，これまでの日本企業の経営は銀行からの借入れが多く，支払利息である営業外費用の比重が高かった。そのため営業外費用を考慮しない場合には，その実態がつかみにくく，また，実際問題として経営資本と経営外資本との区別は困難であるから[13]，むしろ(ロ)の総資本純利益率を用いる方が妥当であるといえる。

この点に関しては，旧通産省産業合理化審議会の「経営方針遂行のための利益計画」においても次のような見解が示されている[14]。「この利益目標の示し方としては，総資本利益率が企業全体を包括的に見るのに最も適当であるが，経営者の内部目的の重点としては，直接経営活動のために投入された資本の効率を示す経営資本利益率をもって示すのが，一般に適当である。」として，全般的には総資本利益率が，内部管理目的としては経営資本利益率が適当であるとし，それぞれの目的に合わせて使い分けるべきであるとしている。

以上の結果，理論的には経営資本営業利益率が，また日本の実情からすれば総資本純利益率が，そして長期的・全般的には総資本純利益率が，短期的・内部管理目的には経営資本営業利益率が適当であるといえよう。

ところで，上述したように，経営資本と経営外資本との区別が実際問題として困難であるため，資本としては総資本を用い，利益については営業外費用である支払利息は無視できないが，特別損益まで考慮する必要性はない実情からして，むしろ経常利益を採用することが妥当であると考え，現実には総資本経常利益率が最も適当であると考えられよう。この点は日本で扱われる経営分析指標においても，この総資本経常利益率が採用されているケースが多い点からしても当然である。

配当率維持に重点を置く場合には，株主資本税引前利益率（ROE：Return on Equity）が妥当な示し方といえよう。

次に②の売上高利益率を目標利益として用いる場合は，資本回転率を考慮しながら，目標利益を決定する。売上高利益率の水準は，地域や競争状態により異なる点に留意しなければならない。③の期間利益額を目標利益として用いる場合は，売上総利益，営業利益，経常利益，税引前当期純利益，当期純利益など種々の利益のうちどの利益を用いるのか考慮しなければならない。多くの日本企業では，上述したように銀行借入れによる資金調達の比重が高いため，営業外費用を考慮にいれた経常利益を重視してきた。しかし，経常利益を目標利益とすると，経営者に経営効率の改善への注意がそれるという問題もある。また，会計基準の国際化により，日本独自の経常利益の採用は減少すると考えられる。昨今のIFRSの導入により，経常利益に代わり包括利益の重要度が高まるであろう。したがって，投資利益率についても，M&Aを重視する企業などでは総資産包括利益率の使用も考えられるだろう。

§5　資本利益率の検討

以上のように目標利益（率）の示し方としては，資本利益率が一般には最適であると考えられるので，次に資本利益率の内容について検討する。この点については旧通産省産業合理化審議会の「経営方針遂行のための利益計画」において次のような見解を示されている[15]。「利益目標を資本利益率で示すとすれば，これを何分とするかを慎重に検討しなければならない。この率は重要な全般方針として決定される。これに基づいて利益計画が樹立され，さらに予算が編成されるのであるから，各種の具体的な計数資料を必要とする。それには適正な配当率・社内留保率・同業諸企業の平均率・当該企業の実情などが，すべて勘案される必要がある。（中略）一般に資本利益率は，資本回転率と売上利益率とによって決定される。（中略）したがって，目標利益を算定するにあたっては，資本回転率の増加と売上利益率の増加との可能性を十分に検討する必要がある。わが国の現状では，いたずらに資本を増加するよりも，むしろ回転率を増加することに努むべきである。そしてこの資本回転率は，資本のうち売上高または生産高の増減に比例して増減する変動的資本と，これらと関係なく常に一定額の保持を必要とする固定的資本との割合によって大きく影響されるものである。この場合特に注意すべきは，固定的資本の在高である。資本回転率を高めるためには，できるだけ固定的資本の割合を小さくする心掛けが必要である。」以上の文言をベースに資本利益率そのものについて検討するが，この文言における配当率・社内留保率との関係については第7章で詳細に検討し，変動的資本および固定的資本については§9で詳細に検討する。

資本利益率は資本回転率と売上高利益率との乗積で表されるから，これを図示すれば**図表3－2**のとおりであり，これをリード図表という[16]。

図表3－2は資本利益率を6％と仮定した場合の売上高利益率と資本回転率との関係を図示したものであるが，資本利益率を高めるためには売上高利益率か資本回転率のいずれか，または両方を増加させなければならない。そこで，このような関係について設例によって検討する[17]。

図表3－2　リード図表

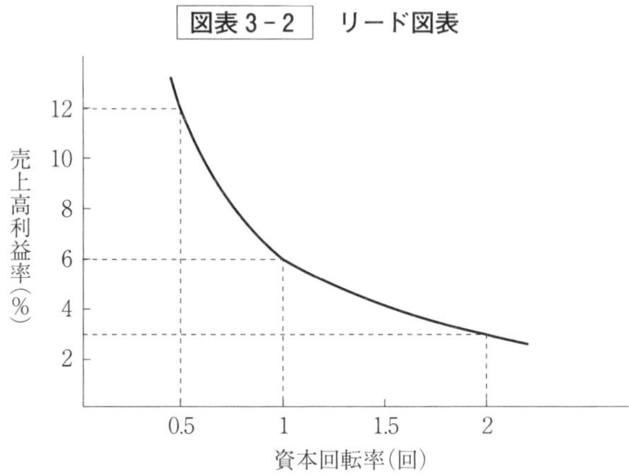

(設例)

企業＼項目	売上高(万円)	売上高経常利益率 (経常利益/売上高)(%)	総資本(万円)	総資本回転率 (売上高/総資本)(回)	総資本経常利益率 (経常利益/総資本)(%)
A	1,000	10	400	2.50	25.0
	1,000	10	800	1.25	12.5
	1,000	10	2,000	0.50	5.0
B	1,000	10	400	2.50	25.0
	1,200	10	400	3.00	30.0
	1,600	10	400	4.00	40.0
C	1,000	10	400	2.50	25.0
	1,000	5	400	2.50	12.5
	1,000	2	400	2.50	5.0

設例では，A社は売上高および売上高経常利益率が一定であり，総資本が変化（増加）するタイプの企業である。そこで，A社が総資本経常利益率を増大させるためには，総資本回転率を高める必要がある。ところで，総資本回転率は売上高÷総資本であり，A社は分子の売上高が一定のため，分母の総資本の縮小を考えることになる。つまり，このようなタイプの企業は，資本の縮小計画により，経営の合理化をはかるべきであるといえよう。

B社は売上高経常利益率および総資本が一定であり，売上高が変化（増加）

するタイプの企業である。そこで，当社が総資本経常利益率を増大させるためには，総資本回転率を高める必要がある。総資本回転率は売上高÷総資本であり，B社は分母の総資本が一定のため，分子の売上高の増加を考えることになる。つまり，このようなタイプの企業は売上高の増加という積極的な収益計画をはかるべきである。

C社は売上高および総資本が一定，つまり，総資本回転率が一定であり，売上高経常利益率が変化（減少）するタイプの企業である。C社が総資本経常利益率を増大させるためには，売上高経常利益率を増大させる必要がある。売上高経常利益率は経常利益÷売上高であり，分母の売上高は一定のため，分子の経常利益の増加を考えることになる。しかし，損益計算の構造から，売上高－費用＝利益であるから，売上高が一定という条件のもと経常利益を増加させるためには，費用の削減・節約を考えることになる。つまり，このようなタイプの企業は原価の引下げや諸経費等の費用の節減計画などの合理化をはかるべきである。

以上，企業の維持・存続・発展・成長を考えるにあたっては，資本の縮小，収益の増大，もしくは，費用の節減のいずれに焦点があるかを見極めることが重要である。

§6　資本利益率の算定方法

そこで資本利益率の算定方法が問題となるが，それには次のような方法がある。

①　**実績法**

これは自社の過去の資本利益率を調査し，その平均率・正常率・最高率等のいずれかを採用する方法である。

②　**標準法**

これは種々の公表されている経営指標[18]にもとづいて，同業種の標準資本利益率を調査し，その平均率・正常率・最高率等のいずれかを採用する方法である。

③　**公式法**

これは一定の公式を導いておき，各要素を見積もり，公式にあてはめて求める方法である。

④ **総合法**

これは以上①～③の方法を総合して算定し，トップ・マネジメントが総合的に判断して求める方法である。

§7 損益分岐点の検討および利益図表の作成
—目標利益（率）の設定方法に関連して—

目標利益（率）の示し方としては種々の方法があるが，そのうち資本利益率が最適であると指摘し，検討した。§4で検討したように，資本利益率は売上高利益率と資本回転率の乗積であるから，目標（必要・適正）資本利益率を算定するにあたっては，売上高利益率および資本回転率のおのおのについて検討し，いずれかの向上・改善あるいは両者の向上・改善の可能性を追求する必要がある。したがって，目標資本利益率を実現するにあたっては，必要な売上高や売上高利益率あるいは使用資本や資本回転率について検討しなければならない。

以上の視点から，売上高利益率の検討にあたっては損益分岐点の利用が有効であり，また資本回転率の検討にあたっては資本回収点の利用が有効である。そこでまず，前者の損益分岐点について検討する。

損益分岐点（Break-Even Point：BEP）を計算するにあたっては，まず費用を変動費（Variable Cost）と固定費（Fixed Cost）に分類（分解）しなければならない。これを固変分解という。なお，変動費とは売上高または生産量（操業度）の変化に伴い変化して発生する費用であり，固定費とは売上高または生産量（操業度）の変化とは無関係に一定に発生する費用である。固変分解の方法には大きく分けて次のような方法がある。

① **会計的方法**

(イ) 個別費用法（勘定科目法）

② **図表的方法**

(ロ) 散布図表法（スキャッターグラフ法）

③　数学的方法
　(ハ)　最小自乗法
　(ニ)　総費用法（変動費率法・限界費用法）

(イ)　個別費用法

過去の経験に基づき，各費用を帳簿分類に従って変動費と固定費に分類する最も単純な方法である。ただ，問題は一度変動費あるいは固定費に分類すれば，継続してその分類に従わなければならないことである。途中で分類を変更すれば，期間比較が困難になるからである。

たとえば，変動費に属する科目としては売上原価・広告費・交際費・販売促進費・販売関係の給料等であり，固定費に属する科目としては支払利息・保険料・租税公課・減価償却費・管理部門の給料等である。

この方法は，変動費・固定費のいずれともいい難い準変動費・準固定費の取扱いに問題がある。準変動費とは，操業度の増減に応じて一定期間における総額が変動するが，比例的には変動しない費用である。つまり，操業度がゼロであっても一定額が発生し，それに加えて操業度の増減に応じて変動する費用である。たとえば，電話料・電力料等がこれに属する[19]。これに対して準固定費とは，ある範囲内の操業度では固定的であるが，それを超えると急増し，また一定の範囲内で固定的となる費用である。たとえば，製造部門において一定の操業度までは監督者は１名で処理できるから，１名分の給料でよいが，それを超えると助手１名が必要となり，その分の給料が加算される場合等である。

(ロ)　散布図表法（スキャッターグラフ法）

次の資料による売上高と総費用の実績を**図表３－３**のとおりグラフに記し，これらの点の真ん中を通る原価直線を目分量で引く方法である。これにより，変動費・固定費の大まかな金額を求めることができる。しかし，正確な金額は求められないので，(ハ)の最小自乗法との併用が必要である。

(資料) **実　　績**

（単位：万円）

月＼項目	売上高（X）	総費用（Y）	X^2	XY
1	38	32	1,444	1,216
2	40	33	1,600	1,320
3	45	35	2,025	1,575
4	50	37	2,500	1,850
5	55	40	3,025	2,200
計	ΣX228	ΣY177	$\Sigma X^2$10,594	ΣXY8,161

図表3－3　散布図表

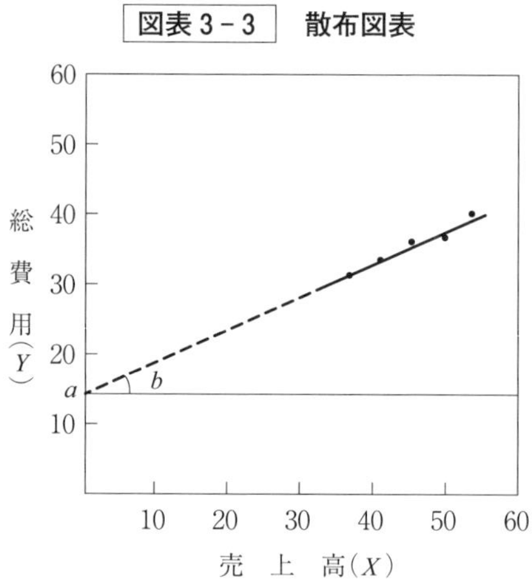

(ハ)　最小自乗法

次のように，変動費および固定費を求める。つまり，Y＝総費用，X＝売上高，a＝固定費，b＝変動費率，N＝データ数とすれば，

$$Y=a+bX \cdots\cdots (1)$$

という1次方程式が，前述(ロ)の散布図表より成立することがわかる。そこで，(1)式の両辺にXを乗じると，

$$XY=aX+bX^2 \cdots\cdots (2)$$

となり，(1)・(2)より，

$$\begin{cases} \Sigma Y = Na + b\Sigma X \cdots\cdots (3) \\ \Sigma XY = a\Sigma X + b\Sigma X^2 \cdots\cdots (4) \end{cases}$$

となる。

(3)・(4)の連立方程式を解くと（なお，連立方程式による計算は省略する），

$$a = \frac{\Sigma Y - b\Sigma X}{N} \cdots\cdots (5)$$

$$b = \frac{\Sigma X \Sigma Y - N\Sigma XY}{(\Sigma X)^2 - N\Sigma X^2} \cdots\cdots (6)$$

となる。

したがって，資料より，$b=0.455$，$a=14.652$となり，固定費は¥146,520，1月の変動費は¥320,000－¥146,520＝¥173,480となる。

㈡　総費用法（変動費率法・限界費用法）

複数の期間（または数ヵ月）の費用総額と売上高との増減割合によって按分する方法である。次に例を示す。

（資料）

1月	売上高¥8,000	総費用¥7,000
2月	売上高¥6,200	総費用¥5,800
	差　額¥1,800	差　額¥1,200

変動費率（限界費用）$= \frac{1,200}{1,800} \times 100\% = 67\%$

ゆえに，1月の変動費は¥8,000×67%＝¥5,360，固定費は¥7,000－¥5,360＝¥1,640，同様にして2月の変動費は¥6,200×67%＝¥4,154，固定費は¥5,800－¥4,154＝¥1,646となる。

なお，この方法は次のような前提条件があるので，前提条件が変わると，おのおのの変化率によって前期の費用や売上高を修正して比較しなければならない。

① 実際には，固定費は変化するが，しかし，変化（増減）しないものとする。
② 実際には，販売価格は販売数量との関係で変化するから，変動費率は変化するが，前提として，変化しないものとする。

損益分岐点とは本来，費用と収益（この場合，収益は売上高と考える）の一致点，つまり損益ゼロの点を意味する。したがって，損益分岐点は費用・収益・利益の関係，すなわちC-V-P関係（Cost-Volume-Profit Relationship）を示している。そこで，この関係を将来の計画利益率の算定に利用することになる。つまり，損益分岐点を上回るような売上高による利益を計画する必要がある。損益分岐点を公式で表わすと次のとおりである。

$$\text{損益分岐点売上高} = \frac{\text{固定費}}{1 - \dfrac{\text{変動費}}{\text{売上高}}} = \frac{\text{固定費}}{1 - \text{変動費率}}$$

損益分岐点を図表で表わしたのが利益図表（損益分岐点図表）であり，**図表3－4**のとおりである。

図表3－4　利益図表

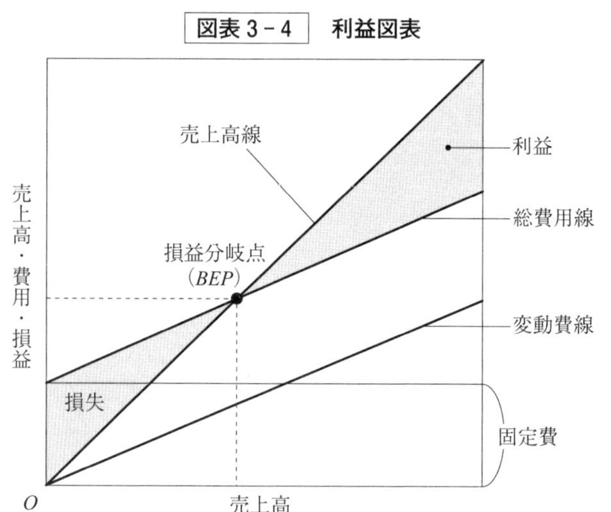

この場合，変動費と固定費との構成割合によって，損益分岐点が異なる。この点についていくつかのパターンを**図表3－5**に示す。

図表3－5　変動費・固定費の構成割合と損益分岐点

①変動費・固定費ともに多い場合

売上高・費用・損益
損益分岐点
（*BEP*）
売上高

②変動費が少なく，固定費が多い場合

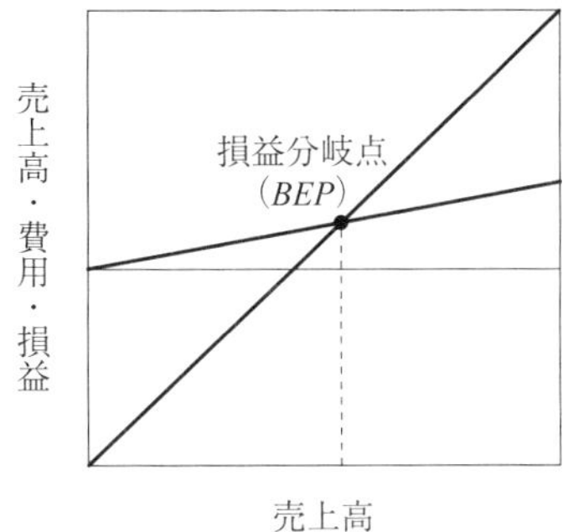

③変動費が多く，固定費が少ない場合

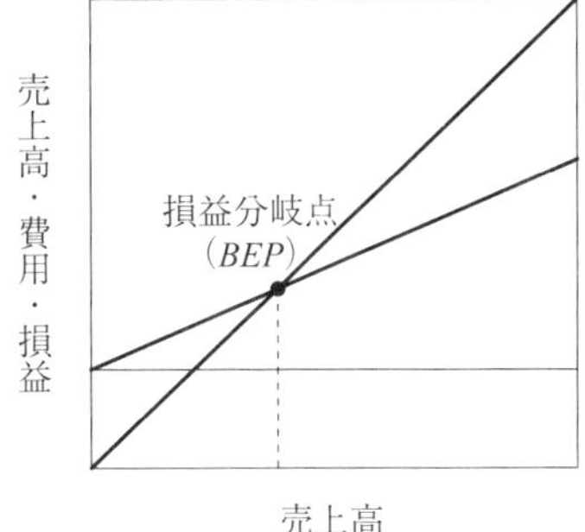

④変動費・固定費ともに少ない場合

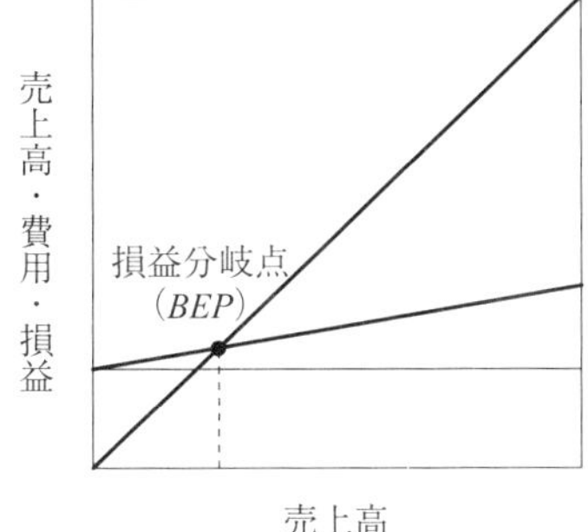

以上の事柄から，売上高利益率を増大させるには次の点を考慮しなければならないといえよう。

① 一定の売上高に対しては，固定費が多いほど損益分岐点が高くなる。
② 一定の売上高に対しては，変動費率が大きいほど損益分岐点が高くなる。
③ 利益の増大を計るためには，固定費の減少と変動費率の低下を実現する必要がある。
④ 売上高の増大については，固定費の大きさと変動費率に注目して，利益の増

加をもたらすかどうかを考慮すること。

以上検討してきた損益分岐点の算定ならびに利益図表の作成については，次のような前提条件の上にはじめて成立するので，前提条件が変わればそれに対応しなければならないことはいうまでもない。そこで，その前提条件について検討する。

① 販売価格は一定とする。したがって，売上高は販売量に比例して増加する。しかし，現実には，需要と供給の関係によって比例するとは限らない。
② 製品単位当たりの変動費は一定とする。
③ 固定費は100％の生産能力までは一定とする。この点が短期的視点に立った利益計画である所以である。
④ 生産量と販売量は同一とする。つまり，期首と期末の棚卸高がゼロかまたは均等額であると考える。
⑤ 多品種を製造している企業の場合，売上高の如何にかかわらず，各品種の生産・販売の組合せは不変とする。

そこで，これらの前提条件のうち②・③については，その変動に応じて対応できるが，①・④・⑤については対応できないことからしても，損益分岐点はオールマイティーではないといえよう。次に②・③が変動した場合について検討する。

(イ) 変動費に変動がある場合。たとえば，仕入価格や賃率の変動等がある場合（②のケース）

変動費の増加率を e（減少の場合には $-e$）とすれば，次のようになる。

$$\text{損益分岐点売上高}=\frac{\text{固定費}}{1-\dfrac{\text{変動費}(1\pm e)}{\text{固定費}}}$$

(ロ)　固定費に変動がある場合。たとえば，設備の増設や税率の変動等がある場合（③のケース）

固定費の増加率を a（減少の場合には $-a$）とすれば，次のようになる。

$$損益分岐点売上高=\frac{固定費(1\pm a)}{1-\frac{変動費}{売上高}}$$

(ハ)　変動費・固定費ともに変動がある場合（②，③のケース）

$$損益分岐点売上高=\frac{固定費(1\pm a)}{1-\frac{変動費(1\pm e)}{売上高}}$$

ここで，損益分岐点を利用した場合の目標利益設定の例を示す。一定の目標利益を上げるためには，どのくらいの売上高が必要であるか検討する。ただし，設備については現状のままで増設はないものとする。この場合，一定の目標利益は固定費と同性質と考えられるので，次式により要求売上高が求められる。

$$目標利益達成のための要求売上高=\frac{固定費+目標利益}{1-\frac{変動費}{売上高}}=\frac{固定費+目標利益}{1-変動費率}$$

（例）　目標利益　¥10,000,000
　　　固定費　¥10,000,000
　　　変動費率　60%

$$目標利益達成のための要求売上高=\frac{¥10,000,000+¥10,000,000}{1-60\%}$$

$$=¥50,000,000$$

したがって，利益計画に際して，5,000万円の売上高を実現するように，収益計画・販売計画を立てなければ，目標利益1,000万円を達成することはできない。

§8　限界利益[20]による利益計画

§2でふれたように，限界利益＝売上高－変動費であり，固定費をカバーするためのぎりぎりの利益を意味する。また，限界利益率は限界利益÷売上高で示される。一般に，企業経営においては，創立段階では変動費が多く，発展段階になると変動費と固定費が同じような割合になり，そして成熟段階に至ると固定費が多くなる傾向がある。特に，これまでの日本企業では，年功序列型の経営形態であったから，人件費を例にとってもこの点が明白である。つまり，企業の年数とともに定期昇給があるため給料の総額が上昇する傾向にある。したがって，たとえ利益が増加しても，利益率は上昇しない。そこで，固定費をカバーして管理する必要がある。

全部原価計算の場合，予定数量に達しない場合や売上単価が低下した場合には，固定費をカバーすることが困難となり，予定利益の確保が難しくなる。つまり，変動費は売上高に比例するからカバーできるが，固定費は売上高に比例しないからカバーできない。そこで，全部原価計算の欠点を補うべく，売上高の増減と利益との関係を的確につかむため限界利益（Marginal Income）によって判断する必要がある[21]。

単純な限界利益による計算書を示せば次のとおりである。

売上高	¥100
変動費	¥ 70
限界利益	¥ 30
固定費	¥ 20
純利益	¥ 10

このように，限界利益は30円，限界利益率は30％となる。したがって，限界利益＞固定費の場合には利益の計上，限界利益＝固定費の場合には損益なし，限界利益＜固定費の場合には損失の計上となる。

そこで，一般に次のように表現できるであろう。

① 限界利益は売上高の増減に比例的に増減する。
② 限界利益と固定費の比較により，純利益を知ることができる。
③ 限界利益>固定費の場合には，それ以上の売上高に対応する限界利益の分だけ純利益となり，上積みされることになる。
④ 限界利益<固定費の場合には，損失となる。しかし，その場合でも，それ以上の売上に努力すれば，その売上高に対応する限界利益の額だけ損失を減少させることができる。固定費はすでに発生して一定であるからである。

なお，限界利益による計算は利益計画のみならず，製品・商品のプロダクト・ミックスや価格政策，操業度政策，販売地域の選択等個別計画の立案にも利用できる。

限界利益について図示すれば**図表3－6**のとおりである。

図表3－6　限界利益図表

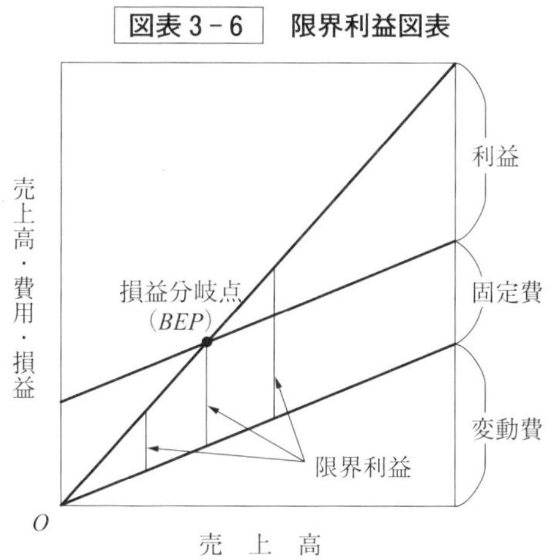

§9　資本回収点の検討および資本図表の作成
—目標利益（率）の設定方法に関連して—

資本回転率の検討にあたっては資本回収点（Capital Turnover Point）の利用が有効であるので，この点について検討する。資本回収点を求めるに際しては，まず資本を変動（的）資本（Variable Capital）と固定（的）資本（Fixed Capital）とに分類しなければならない。

変動（的）資本とは，売上高または生産高の増減に比例して増減する。つまり，流動資産から経営活動の継続のために固定的に必要な常に一定の在高を保つ固定在高（たとえば，手持材料の正常在高）を除いたものである。

また，固定（的）資本とは，売上高または生産高の増減に関係なく，常に一定額に保持される。つまり，固定資産に，経営活動の継続のために固定的に必要な流動資産の固定在高（たとえば，手持材料の正常在高）を加えたものである。

以上の点を図示すれば次のとおりである。

以上の資本の分類に従って，次に資本回収点を求める。資本回収点とは，目標とすべき売上高実現のために使用される資本1回転となる売上高を求めることになる。つまり，使用資本と売上高が同額になる点を求めることになる。

これを式で示すと次のとおりである。

$$資本回収点（売上高）=\frac{固定(的)資本}{1-\frac{変動(的)資本}{売上高}}=\frac{固定(的)資本}{1-変動資本率}$$

以上の事柄について，次の2つのケースにより検討する。

⑷	年間売上高	¥100,000,000
	総資本	¥80,000,000
	変動（的）資本	¥30,000,000
	固定（的）資本	¥50,000,000
⒀	年間売上高	¥100,000,000
	総資本	¥80,000,000

変動（的）資本　　¥50,000,000
固定（的）資本　　¥30,000,000

前述の資本回収点の式により(イ)と(ロ)を計算すると，(イ)は約¥71,430,000，(ロ)は¥60,000,000となり，両者を比較すると(ロ)の方が資本1回転に要する売上高が少なくてよいことが明らかである。

したがって，一般的に次のように表現できるであろう。

① 固定（的）資本の割合が変動（的）資本の割合より大きい企業ほど，資本回転率は低くなり，所要資本額が大きくなる。したがって，資本利益率は小さくなる。逆もまたしかりである。
② 固定（的）資本が増加しても，変動資本率を減少させることができれば，固定（的）資本の増加による資本利益率の低下を緩和することができる。したがって，固定（的）資本の増加に際しては，変動資本率の減少を考慮に入れることが必要である。

以上の資本回収点について図で表わしたのが資本図表（資本回収点図表）であり，**図表3－7**のとおりである。

図表3－7　資本図表

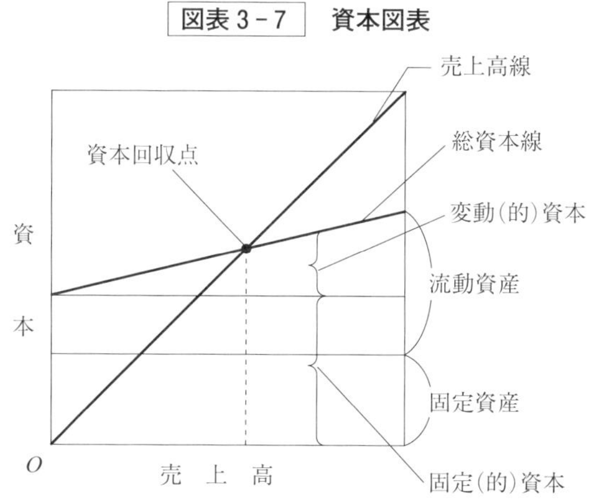

なお，資本回収点の算定および資本図表の作成については，次のような前提条件が必要である。

① 販売価格は一定とする。
② 固定（的）資本は販売能力の最大限度に達するまでは同一額とする。

したがって，現実には，このような前提条件は短期的視点，つまり，短期利益計画においては可能であるが，長期的視点，つまり長期利益計画においては不可能であるから，あくまで短期利益計画に限定して検討してきた次第である。

§10　目標利益達成点の検討および利益計画図表の作成

投下（使用）資本と利益との関係，つまり，一定の資本利益率，たとえば仮に10%をあげたいと計画した場合，どのくらいの売上高が必要であるか，すなわち，目標利益達成のための売上高については，これまで検討してきた利益図表と資本図表によって算定することができる。この図を利益計画図表（利益・資本図表）という[22]。

§７および§９で検討した利益図表と資本図表を１つの図である利益計画図表に描き，資本利益率10%という形で示した目標利益線を書き加えればよい。したがって，**図表３－８**は，次の順序により作成され，目標利益達成のための売上高を求めることができる。

① 横軸の任意の点 a_4 をとると，その時の所要資本は a_3-a_4 である。その10%の利益をあげるためには，その時の総費用 a_2-a_4 より当該金額だけ多い売上高をあげればよい。つまり，a_3-a_4 の１割相当額を a_2 上にとり，これを a_1 とする。
② 同様に，横軸の任意の点 b_4 をとり，b_3-b_4 の１割相当額を b_2 上にとり，これを b_1 とする。
③ a_1 と b_1 を結ぶと，求める目標利益線となる。この目標利益線と売上高線との交点Ｃが求める売上高になる。

図表3－8　利益計画図表（利益・資本図表）

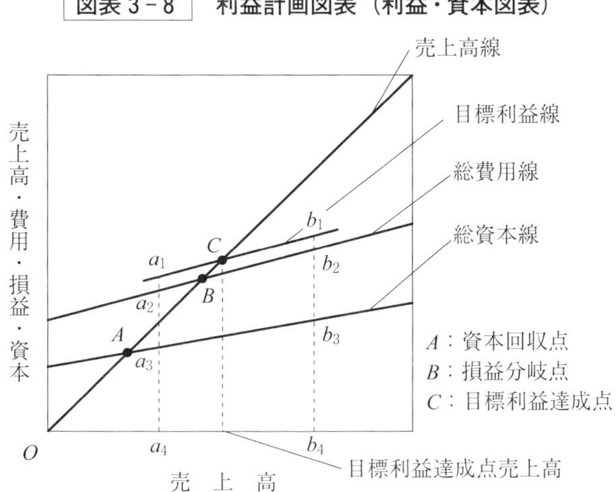

次に，以上の点を例示によって検討する。

(例)	総資本	￥5,000
	変動（的）資本	￥3,000
	固定（的）資本	￥2,000
	変動資本率	50%
	固定費	￥1,500
	変動費率	70%

たとえば，任意の売上高￥6,000と￥10,000をとり，それぞれの場合の総資本の10%に相当する利益額を，それぞれの場合の総費用の上に加算した額を，次の計算によって求め，この2点 a_1・b_1を結んで10%線を引けばよい。

㈠　売上高￥6,000の場合

固定（的）資本￥2,000＋売上高￥6,000×変動資本率0.5＝総資本￥5,000

∴10%の総資本利益額は￥5,000×0.1＝￥500

固定費￥1,500＋売上高￥6,000×変動費率0.7＝総費用￥5,700

∴点 a_1は￥500＋￥5,700＝￥6,200

㈡　売上高￥10,000の場合

固定（的）資本￥2,000＋売上高￥10,000×変動資本率0.5＝総資本￥7,000

∴10%の総資本利益額は¥7,000×0.1＝¥700

固定費¥1,500＋売上高¥10,000×変動費率0.7＝総費用¥8,500

∴点 b_1 は¥700＋¥8,500＝¥9,200

以上については式でも求めることができるから，次にこの点について検討する。

必要売上高；X，目標利益；P，総費用；C，変動費；V，固定費；F，変動費率；VA，総資本；K，変動（的）資本；KV，固定（的）資本；KF，目標資本利益率；R，変動資本率；W

とすれば，

$$X=C+P$$

となる。なお，

$$C=V+F=VAX+F(\because VA=\frac{V}{X})$$

となり，また，

$$P=K\times R(\because P=K\times\frac{P}{K})=(KV+KF)\times R=(WX+KF)\times R$$

$$(\because W=\frac{KV}{X})$$

$$\therefore X=VAX+F+(WX+KF)\times R=VAX+F+WXR+KFR$$

$$X-VAX-WXR=F+KFR$$

$$X(1-VA-WR)=F+KFR$$

$$\therefore X=\frac{F+KFR}{1-VA-WR}$$

となる。したがって，次式のようになる。

$$目標利益達成点(必要売上高)=\frac{固定費＋固定(的)資本×目標資本利益率}{1－変動費率－変動資本率×目標資本利益率}$$

§11　目標（必要・適正）資本利益率の求め方

以上，資本利益率について種々検討してきたが，これらをふまえて目標（必要・適正）資本利益率の求め方について検討する。この点については種々の方法が考えられるが，代表的な方法について検討する。

①　下記の式により目標（必要・適正）資本利益率を求める方法

この場合，まず目標（必要・適正）利益としてはいかなる内容からなるかが問題であるが，旧通産省産業合理化審議会の「経営方針遂行のための利益計画」[23]をベースにして検討すれば，同答申によると，目標（必要・適正）利益としては次の３点をあげている。

⑷　企業努力の報償
⑸　将来の不測の危険に対する保障
⑹　将来の発展更新に対する準備

⑷は自己資本に対する配当を意味し，他人資本に対しては支払利息が費用として計上されるのに対して，自己資本に対する配当は利益処分項目であるから，その分だけ利益として計上しなければならない。

⑸は貸倒れをはじめとする種々の危険に対する準備を意味しており，本来，費用として計上されるべきであるが，予想困難な危険や税法上の限度額を超えた場合の準備（引当金）は，利益より準備しなければならない。

⑹は将来に対する諸種の積立金を意味する。

以上のうち，⑷・⑸は問題ないが，⑹については見解の分かれるところであろう。つまり，企業の将来の維持・成長・発展を考慮して，⑹も含めて目標（必要・適正）利益と考えるか，それともそこまでは要求するべきではないと考えるかである。そこで，本章においては目標（必要・適正）を「最低」と捉え，⑹までは要求しないと考える。

したがって，⑷と⑸との合計額が目標（必要・適正）利益と考え，次のように資本利益率を算定する（以下，総資本利益率として算定する）[24]。

$$\text{目標(必要・適正)総資本利益率}=\frac{\text{目標(必要・適正)利益}}{\text{総資本}}$$

$$=\frac{\text{配当}+\text{危険料}}{\text{総資本}}$$

$$=\frac{\text{配当}}{\text{自己資本}}\times\frac{\text{自己資本}}{\text{総資本}}+\frac{\text{危険料}}{\text{総資本}}$$

$$=\text{配当率}\times\text{自己資本比率}+\text{リスク率}$$

ちなみに，わが国の現状から判断した場合の理想的な総資本利益率は，配当率を10％（この点の詳細は第７章第８節で検討），自己資本比率を40％（この点の詳細は第７章第７節で検討），危険率を３％，税率を30％とすれば，目標（必要・適正）総資本利益率＝(10％×40％＋３％)÷(１－30％)≒10％となる。

②　資本構成比率に着目して算定する方法として，ⓐ払込資本金に基づく方法とⓑ自己資本に基づく方法[25]

前者は払込資本金に対する配当率の確保に着目した考え方であり，日本の場合，自己資本比率が比較的少ないから（この点の詳細は第７章第７節で検討），自己資本の充実という点からもこの考え方により総資本利益率を算定することは重要であろう。

$$\text{目標(必要・適正)総資本利益率}=\text{払込資本金利益率}\times\frac{\text{払込資本金}}{\text{総資本}}$$

ちなみに，日本の現状から判断した場合の理想的な総資本利益率については，資本金に対して配当率を10％，社内留保率を20％，したがって，この合計額30％の利益が必要であると考える。また払込資本金は総資本の８％とすれば，目標（必要・適正）総資本利益率＝30％×$\frac{8}{100}$＝2.4％となる。なお，税率を考慮して，2.4％÷(１－30％)≒3.4％となる。

また後者は内部留保の確保に着目した考え方であり，

$$\text{目標(必要・適正)総資本利益率}=\text{自己資本利益率}\times\frac{\text{自己資本}}{\text{総資本}}$$

となる。

ちなみに，日本の現状から判断した場合の理想的な総資本利益率は，自己資本利益率を10%，自己資本比率を40%とすれば，目標（必要・適正）総資本利益率＝10%×$\frac{40}{100}$＝4.0%となる。なお，税率を考慮して，4.0%÷（1－30%）≒5.7%[26]となる。

● 注

1　旧通商産業省企業局編『経営方針遂行のための利益計画』1956年7月，11-12頁。

2　G. A. Welsch, "Budgeting ; Profit Planning and Control" Prentice-Hall International, Inc., 1957.

3　旧大蔵省企業会計審議会中間報告『原価計算基準』第1章「原価計算の目的と原価計算の一般的基準」1．原価計算の目的（四），1962年。

4　M. Avery, "Time Study Incentives and Budgetary Control", Business Publications, 1964.

5　企業予算制度研究会編『日本企業の予算管理の実態』中央経済社，2018年によると，2012年度に行われた調査では，調査対象企業のなかで，「短期利益計画を予算としている」とする企業が最も多いとの結果が出ている。この調査結果について，櫻井通晴著『管理会計（第7版）』同文舘出版，2019年は，日本の長期の経済低迷期が利益計画と予算現場の調整にかかるコストや時間を負担する余裕がなくなった点と，現場との調整機能が利益計画設定段階に移行したのではないかと指摘している。

6　パナソニック株式会社のHPより。

7　企業予算制度研究会編（2018）によると，調査対象企業のうち，約90%が中期経営計画を策定しているとの調査結果がでている。

8　平成29年度　生命保険協会調査「株式価値向上に向けた取り組みについて」。

9　大綱的利益計画は予算編成のように詳細な実施条件に基礎づけられた数値ではないため，あえて「大綱的」といわれることになる。

10　旧通商産業省企業局編・前掲1，3頁。

11　本来，計画（予定）収益＝目標利益＋計画（予定）費用を変形したものであり，目標利益も費用と同じ性質，つまり，目標利益は固定費であると考え，目標利益＋費用をあげるだけの収益を必要とするという考え方である。

12　旧通商産業省企業局編・前掲1，13頁においては，投資不動産（遊休設備）は経営資本に含めるとしているが，著者としては含めない方が妥当であると考えている。

13　日本の現状からすれば，遊休設備の効率的・有効的活用が必要であり，不要な遊休設備の処分が求められている。したがって，建設仮勘定は別として，経営資本と経営外資本の区別は意味がないと考えられる。

14　旧通商産業省企業局編・前掲1，13頁。

15　旧通商産業省企業局編・前掲1，13-14頁。

16　Rusell B. Read, "Return on Investment-A Guide to Management Decisions" NAA Bulletin, June, 1954, pp. 1231-1244.

17　古川栄一著『改訂財務管理』経林書房，1980年，108-112頁。

18　この点については第7章（注24）を参照。

19　「通話し放題」など契約形態によっては変動費ではなく固定費になることもある点に注意が必要である。

20　アメリカでは，限界利益と貢献利益（Contribution Margin：貢献差益）を同義語として使用しているが，厳密には両者は異なる概念であり，両者の相違は次のとおりであると考えられる。売上高－変動費＝限界利益－個別固定費（追跡可能固定費，つまり，経営活動に固有の固定費であり，大半は管理可能費である）＝貢献利益－共通固定費＝営業利益。多品種少量製品を生産している企業の場合，各製品の収益性を測定し，高い収益性をもたらす製品に資源を集中投入し，反対に，低い収益性しかもたらさない製品の生産を削減・中止しなければならない。その結果，達成可能な最も収益性の高い製品の組合せ（Product Mix）を見いだすことができる。

限界利益と貢献利益の関連・相違について，例示すれば次のとおりである。

種類／項目	製品A		製品B		製品C		合計	
	金額	比率	金額	比率	金額	比率	金額	比率
売上高	450	100.0	300	100.0	150	100.0	900	100.0
変動費	256	56.9	150	50.0	88	58.7	494	54.9
限界利益	194	43.1	150	50.0	62	41.3	406	45.1
個別固定費	62	13.8	28	9.3	30	20.0	120	13.3
貢献利益	132	29.3	122	40.7	32	21.3	286	31.8
共通固定費							184	20.4
営業利益							102	11.3

（日本管理会計学会編『管理会計学大辞典』，中央経済社，2000年，130頁，藤井則彦稿）

21　旧通商産業省企業局編・前掲1，付録，12-13頁を著者が加筆・修正。

22　この考え方は，本来，C. E. Knoeppelが利益図表と資本図表との調整図表として考案したものであるが，ここでは旧通商産業省企業局編・前掲1，13-18頁に従って検討し，著者が補足説明している。

23　旧通商産業省企業局編・前掲1，10-11頁を著者が加筆・修正。

24　国弘員人著『経営分析体系　第1巻　収益性分析』中央経済社，1979年，39・40頁の考え方に基づいて著者が加筆・修正。

25　旧通商産業省企業局編・前掲1，付録，12-13頁を著者が加筆・修正。

26　わが国の総資本経常利益率，売上高経常利益率，総資本回転率の推移は次のとおりである。

	総資本経常利益率(%)	売上高経常利益率(%)	総資本回転率(回)
2013年	4.0	4.2	0.94
2014年	4.2	4.5	0.94
2015年	4.3	4.8	0.90
2016年	4.6	5.2	0.89
2017年	4.9	5.4	0.90

（出所）財務省法人企業統計年報第798号（平成29年度）より著者作成

Cost management

第 4 章

原価管理

第 3 章で利益管理について検討したが，本章では，利益管理の前提としての原価管理を取り上げる。つまり，利益管理のためには収益管理と費用（原価）管理が前提として問題になるが，収益管理は販売管理論の領域であるから，本書では取り上げない。しかし，原価管理については本書の領域と考えられるからである。なぜならば，原価管理は単に製造原価管理のみならず，営業費管理，特に物流費管理が問題であり，この点が財務管理と会計との関係・接点・相違であるからである。会計では物流費は表面化しないから，その管理が軽視されがちである。しかし，企業経営においては，JIT に代表されるように物流費管理は原価管理の重要な要素であり利益管理を考える上でも必要であるため，財務管理ではこの点を重視しなければならない。その意味で，本章では，原価管理として製造原価管理のみならず，営業費管理としての販売費管理・一般管理費管理・物流費管理に焦点をおいて説明する。

第1節　原価管理概説
—コスト・コントロールとコスト・マネジメント—

グローバル化に伴う日本企業の海外進出や日本企業への海外機関投資家の投資比率の増加，ASEANや中国をはじめとするアジア諸国の成長，特に単なる労働コストが低いだけでなく，低コストで高品質な労働力により，グローバルな企業間競争は一層激しくなっている。また，AIなどの新しいテクノロジーの出現により，企業を取り巻く環境の変化は一段とスピードをあげている。こうした現状から，競争が激化する企業経営においては，利益創出のために，これまで以上に幅広い意味での原価管理が必要不可欠である。ここに原価管理の必要性・重要性が求められるであろう。

伝統的な原価管理（Cost Management）は，標準原価計算による原価標準の達成を中心とした，製造段階の現場管理者によるコスト・コントロールを意味していた。しかし，今日は，このような狭義での原価管理ではなく，もっと広く利益管理の一環として捉え，標準原価計算の他にIE[1]・OR[2]・VA[3]等を導入し，製造段階のみならず経営の上流から下流のあらゆる場面のビジネスプロセス全体におけるコスト・マネジメントを意味する。具体的には原価企画や活動基準原価計算（ABC），品質原価計算，ライフサイクル・コスティングなど，戦略的なコスト・マネジメントが重要となっている。

以上の点より，原価管理の内容として，従来は原価統制（コスト・コントロール）に重点がおかれていた。この点については，日本の原価計算基準も同様の考え方であり，次のように狭義に原価管理を捉えているといえる。つまり，「原価管理とは，原価の標準を設定してこれを指示し，原価の実際の発生額を計算記録し，これを標準と比較して，その差異の原因を分析し，これに関する資料を経営管理者に報告し，原価能率を増進する措置を講ずることをいう。[4]」これに対して旧通産省（現在の経済産業省）（1967）の「コスト・マネジメント」においては，広義に原価管理を捉えているといえる。つまり，「コスト・マネジメントとは，利益管理の一環として，企業の安定的発展に必要な原価引下げの目標を明らかにするとともに，その実施のための計画を設定し，これが実現を図る一切の管理活動をいう[5]。」

このように，原価管理は利益管理の一環として捉えるべきである。そこで，本章では第3章で取り上げた利益管理の一環として原価管理を取り上げる。原価管理の具体的内容としては種々の原価計算手法があるが，本書は財務管理と会計との有機的関係・接点・相違を問題にしているとはいえ，財務管理に焦点をおいており，原価計算の諸手法については会計の領域であるので，この点の詳細については原価計算論の専門書にゆずることにする。本章では原価管理そのものに焦点をおいて検討することとする。

また，原価管理のための原価低減（Cost Down）の必要性については，前述のとおり，従来は工場での製造原価の低減を中心に考えられてきた。しかし，総原価は，製造原価と製造された製品の販売・管理のための営業費を総計したものであるから[6]，原価低減としては製造原価の低減のみならず，営業費である物流費（Physical Distribution Cost）の低減をも含めて総原価の低減が重要となった。さらに，製造原価の低減だけでは限界があり，過度な製造原価低減へのプレッシャーは，製造現場に疲弊をもたらすこととなり，その結果，品質低下や不正を招き，競争力の低下につながる。そのため，製造活動そのものにおける原価低減のみならず，その前過程である製品の企画・設計段階に注目した原価低減として「原価企画」がクローズ・アップされることとなった。21世紀に入ると，利益管理の一環としての原価管理からさらに拡大し，多様なステークホルダーを意識した企業価値を高めるための，戦略的な視点をもったコスト・マネジメントが注目されるようになった。以上のような背景を認識した上で，以下各節について検討する。

第2節　製造活動の原価管理

§1　原価計算の種類

製造原価（Manufacturing Cost）の管理に際しては，各種の原価計算（Costing）手法が活用されるが，ここでは原価管理の視点のみから検討する。

原価計算としては，実際原価計算（Actual Costing），標準原価計算（Standard Costing），直接原価計算（Direct Costing）等があるが，このうち実際原価計算は財務会計（決算報告会計）には不可欠であるが，原価管理という視点からは有効ではない。そこでまず，標準原価計算に焦点をあてて検討する。

§2　標準原価計算による原価管理

標準原価計算は，標準原価と実際原価との比較により，その差異分析を行うことにより原価低減の方策を検討する原価計算である。「原価計算基準」によれば標準原価とは次のように定義付けられている。「標準原価とは，財貨の消費量を科学的，統計的調査に基づいて能率の尺度となるように予定し，かつ，予定価格又は正常価格をもって計算した原価をいう[7]。」このように，標準原価とは，財貨の消費量を科学的・統計的に予定したものであれば，単価は予定価格あるいは正常価格のいずれであっても問題はない。しかし，標準原価の設定については種々の考え方があり，この点について検討する。

①　標準原価の設定

(イ)　当座標準原価（Current Standard Cost）と基準標準原価（Basic Standard Cost）

当座標準原価とは，事業年度ごとに実態に合わせて設定される達成すべき目標となる標準原価である。したがって，作業条件や価格，賃率の変化など，実態に合わせて毎期改訂される。当座標準原価は能率管理に有効である。基準標準原価とは，一度設定した標準原価を基準とし，経営の基本構造が変化しないかぎり，価格や賃率の変動があっても改訂されず，長期間にわたって不変である標準原価である。したがって，能率管理には有効ではない。

(ロ)　現実的標準原価（Expected Actual Standard Cost）と理想的標準原価（Ideal Standard Cost）

現実的標準原価とは，努力次第で達成可能な水準の標準原価であり，諸条件の変化により改訂される。現実的標準原価は能率管理に有効である。理想的標準原価とは，技術的に達成可能な最大操業度のもとで，最高能率を実現する最低の原価のことで，努力目標としての標準原価である。現実的な達成が困難であるため，能率管理には有効ではない。したがって，原価管理としては，当座標準原価による現実的標準原価が使用されるべきである。

②　標準原価差異の分析

次に，標準原価が設定されれば，実際原価と比較してその差異を分析することになる。標準原価と実際発生額との差額を標準原価差異といい，次の(イ)〜(ハ)について分析しなければならない。

(イ)　直接材料費差異（Direct Material Variance）の分析は，次の２つに分けられる。

価格差異（Material Price Variance）＝実際消費量×（標準原価－実際原価）
数量差異（Material Quantity Variance）＝標準価格×（標準消費量－実際消費量）

これを図示すれば**図表４－１**のとおりである。

図表４－１　差異分析

(例)　ある製品１単位当たりのＡ材料について，標準消費量は0.8kg，標準価格は１kg当たり￥100である。今月は当製品10,000単位が製造され，Ａ材料の実際消費量は8,200kg，実際価格は１kg当たり￥97であった。

直接材料費差異＝標準直接材料費－直接材料費実際発生額
＝(10,000単位×0.8kg)×￥100－(8,200kg×￥97)
＝￥4,600（有利差異）

価格差異＝8,200kg×(￥100－￥97)＝￥24,600

数量差異＝￥100×(10,000単位×0.8kg－8,200kg)＝△￥20,000

(ロ) 直接労務費差異（Direct Labor Variance）の分析は，次の２つに分けられる。

賃率差異（Labor Rate Variance)＝実際作業時間×(標準賃率－実際賃率)
作業時間差異(Labor Usage Variance)＝標準賃率×(標準作業時間－実際作業時間)

(ハ) 製造間接費差異（Factory Overhead Variance）の分析は，次の２つに分けられる。

操業度差異(Volume Variance)＝(標準作業時間×標準賃率)－標準作業時間に対する許容予算額
管理（統制）可能差異＝標準作業時間に対する許容予算額－実際発生額

なお，管理（統制）可能差異は予算差異（Overhead Spending Variance）と能率差異（Efficiency Variance）とに分けて，３分法で差異分析される場合もある。

以上のうち，原価管理として重要なのは消費量差異と作業時間差異であり，この点についての差異発生場所・差異原因・差異責任について分析しなければならない。

§３　直接原価計算による原価管理

実際原価計算においても，標準原価計算においても，製品の製造・販売に必要な総原価を一括して計算する。これを全部原価計算（Full Costing）という。財務会計上は全部原価計算が強制されているが，原価管理の観点からは有用ではない。たとえば，全部原価計算では，売上高が同一であっても期末棚卸商品

（在庫）の変動により原価が増減するため，利益が増減することになるなどの欠陥がある。本来，原価管理においては，利益は売上高に比例して増減すべきである。また，全部原価計算では，固定費を無理な配賦計算によって製品に按分するため，固定費を製品別に管理することはできず，一定期間の総額を管理せざるをえない。この点，直接原価計算では固定費は一括して期間費用として把握することになる。ここに，原価管理としての直接原価計算の意義がある。

旧通産省（現在の経済産業省）（1967）の「コスト・マネジメント」によれば直接原価計算を次のように定義づけている。「直接原価計算は，原価を製品の生産量ないし販売量との関係で変動費と固定費に区分し，製品原価を変動費だけで算定し，固定費は期間原価として，その総額を発生期間の収益に対応させる原価計算である[8]。」

なお，直接原価計算による原価管理については，すでに第3章第4節§8「限界利益による利益計画」で検討した。これまで検討してきた標準原価計算および直接原価計算の両特徴を生かして，変動費について標準原価を導入すれば，なお一層原価管理にとって有効となる。これが標準直接原価計算（Direct Standard Costing）であり，その形式は**図表4－2**のとおりである[9]。

図表4－2　標準直接原価計算による損益計算書

1　売上高	×××
2　直接原価	
2．1　売上品原価（標準）	×××
2．2　総限界利益（標準）	×××
2．3　原価差額	×××
2．4　総限界利益（実際）	×××
2．5　販売費・一般管理費（標準）	×××
2．6　営業限界利益（標準）	×××
2．7　原価差額	×××
2．8　営業限界利益（実際）	×××
3　期間原価（実際）	
3．1　製造固定費	×××
3．2　販売固定費	×××
3．3　一般管理固定費	×××
4　当期純利益	×××

大企業において事業部制を採用している場合，この標準直接原価計算には各

事業部の業績を測定するのに有効である。その形式を示せば**図表4－3**のとおりである[10]。

図表4－3　標準直接原価計算による損益計算書（事業部制のケース）

	甲事業部		
	A製品	B製品	合計
1　売上高	×××	×××	
2　直接原価	×××	×××	
2．1　売上品原価（標準）	×××	×××	
2．2　総限界利益（標準）	×××	×××	
2．3　原価差額	×××	×××	
2．4　総限界利益（実際）	×××	×××	
2．5　販売費・一般管理費（標準）	×××	×××	
2．6　営業限界利益（標準）	×××	×××	
2．7　原価差額	×××	×××	
2．8　営業限界利益（実際）	×××	×××	×××
3　期間原価			
3．1　事業部管理可能固定費（実際）			×××
3．2　事業部管理可能利益			×××
3．3　事業部帰属固定費（実際）			×××
3．4　事業部利益			×××
3．5　事業部外固定費（実際）			×××
4　当期事業部純利益			×××

§4　ABCおよびABM―製造間接費の新しい管理技法―

原価低減の効果を上げるためには，原価改善の有効活用が必要となる。そのためには製造間接費管理に有効な活動基準管理（ABM：Activity-Based Management）あるいは活動基準原価管理（ABCM：Activity-Based Cost Management）の原価改善への応用が必要となる。そこで，ABMおよびその前提としての活動基準原価計算（ABC：Activity-Based Costing）について検討する。

ABCは1980年代後半に，Robin Cooper & Robert S. Kaplanによって提唱され，製造間接費の合理的な算定による原価低減への活用，そして正確なコスト計算による製品戦略に活用される。ABCが提唱された背景には，Johnson & Kaplan（1987年）[11]による管理会計が企業経営に有用な情報を提供できていないとの問題提起がある。工場のFA化（factory automation）による労働集約型産業から資本集約型産業への転換，そして，少品種大量生産時代から多品種少量生産時代へと環境が変化しているにもかかわらず原価計算は変化していないため，正確な原価情報を提供できておらず，原価管理に有用ではないとの指摘である。すなわち，生産条件・環境の変化に伴い，製造間接費の中でも特に段取費・保全費等の比率が増加しているにもかかわらず，製造間接費を一括して各部門に集計することは製品原価の正しい算定にむすびつかない。また，伝統的な原価計算においては，部門別の製造間接費を直接作業時間や機械運転時間等の操業度関連の配賦基準に従って製品に配賦する。そのために大量生産品に対して，多くの間接費が配賦され，他方，少量生産品には僅かな間接費しか配賦されない事態が生じる。つまり，恣意的な配賦計算が行われるという欠点がある。これらの計算結果にもとづいて製品戦略の意思決定が行われると，本来は利益が出ている製品を廃止に，そして，利益が出ていない製品が継続されることになりかねない。したがって，正確な利益管理ができないことになる。このように多品種少量生産の状況で伝統的な原価計算で計算すると，正確な製造間接費の配賦が行われない。そこで，製品の多様化に伴って増加する製造間接費を適切に配賦する必要がある。つまり，製造間接費は活動を基準とした原価作用因により原価計算対象に適切に負担されなければ，正しい製品原価の算定は不可能である。ここにABCという新しい原価計算の必要性が生まれた。伝統的な原価計算とABCの間接費の配賦を**図表4－4**，**図表4－5**に示す。

図表4－4　伝統的原価計算のイメージ

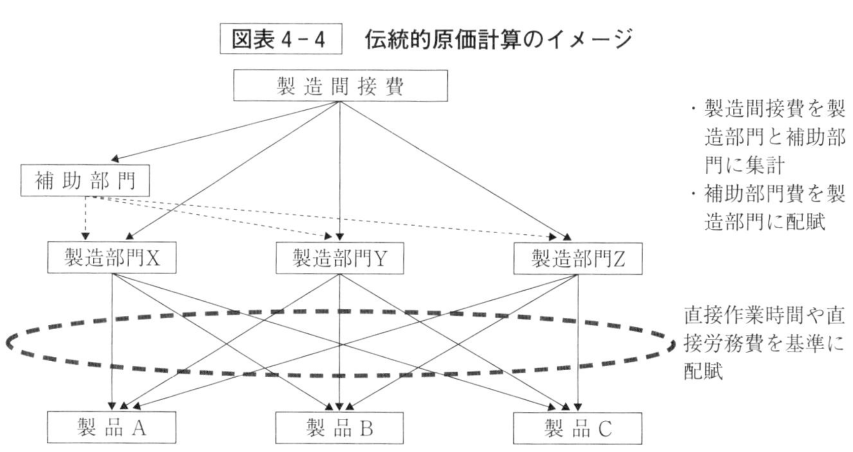

図表 4-5　活動基準原価計算（ABC）のイメージ

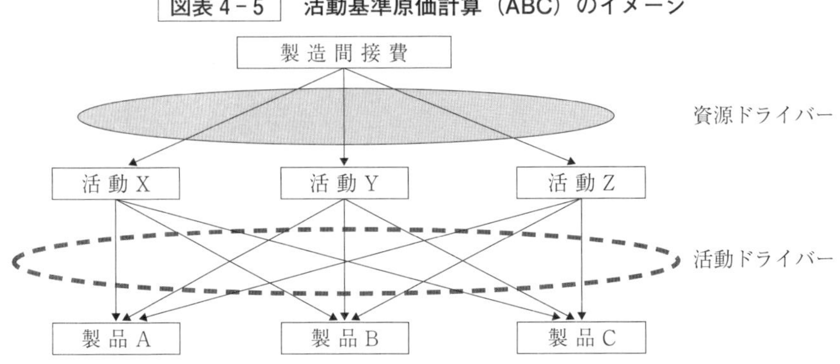

伝統的な原価計算の場合，製造間接費を製造部門と補助部門に集計し，補助部門費を製造部門（図表4-4では製造部門X・Y・Z）に配賦する。そして，製造部門から直接作業時間などの配賦基準に従い製品に配賦される。

ABCでは，製造間接費を部門ではなく，活動ごとに資源ドライバーによって集計し，コスト・プールあるいは活動センター（図表4-5では活動X・Y・Z）に集計する。そして，集計された原価を活動ドライバー（原価作用因）に基づいて製品やサービス（図表4-5では製品A・B・C）に割り当てる。したがって，コスト・プールの数が多く手間がかかりコスト高になる点が問題であるが，精密な計算が可能となる。また，直接作業時間や機械運転時間等の操業度関連による配賦ではなく，設計回数・段取回数・製品の数・検査回数等の活動ドライバー（原価作用因）が用いられる点が伝統的な原価計算と異なる特徴である。

ABMとは，ABCによる製品原価算定の方法を活用することで，活動の管理に焦点をおいて，製品およびサービスの価値を高め，企業利益を改善する方法であり，1990年代から注目されてきた。そして，この方法には活動分析，原価作用因分析，業績測定の結果分析等が含まれる。そこで，ABMの特徴およびその効用について櫻井（2019）は次の点をあげている[12]。

① ABMの目標は資源配分ではなく，効果的な活動の実施にある。
② 顧客との関連を，活動によって分析することができる。

③　各プロセスの間の活動を合理的に連繫させることができる。
④　ムダな活動（非付加価値活動）を排除することができる。
⑤　継続的に活動やプロセスを改善，変革することができる。
⑥　活動の重複を避け，効率的な活動を行うことができる。
⑦　標準的活動を測定し，その測定結果に基づく弾力的活動を行う。
⑧　従来の原価構成要素による内部資料の報告に代わって，活動という理解しやすい業績評価基準による報告書の作成が可能になる。

つまり，ABMの目標は活動分析により商品開発時間の短縮化や納期の短縮化等のプロセスを変革することによって，無駄・重複・不安定性を取り除いて，効率的な経営を目指すことである。

第３節　原価企画

少品種大量生産の時代の原価管理は製造段階でのコスト・マネジメントが中心であった。しかし，1970年代に入り，顧客ニーズ・価値観の多様化によって，多品種少量生産，製品ライフサイクルの短縮化の時代へと変わり，原価管理は製造段階よりも，その前段階である上流での企画・開発・設計の段階，そして後段階である下流の物流における管理が重要となった。特に，自動車産業はじめとする加工組立型産業においては上流での原価管理（源流管理）が重要となった。

図表４－６のとおり，製品のコストは研究開発，企画・設計段階において大半が決定づけられる。このことから，製造段階での原価管理による改善よりも，上流で原価をいかに作り込むかが重要となる。そこで，企画・開発・設計・購買・生産・販売といった一連の流れを含めた戦略的なコスト・マネジメントの必要性が生じてきた。このような背景のもとに，日本で生まれた原価企画が注目されることとなり，Target Costingとして世界へと広がることとなった。

図表4－6　コスト決定曲線とコスト発生曲線

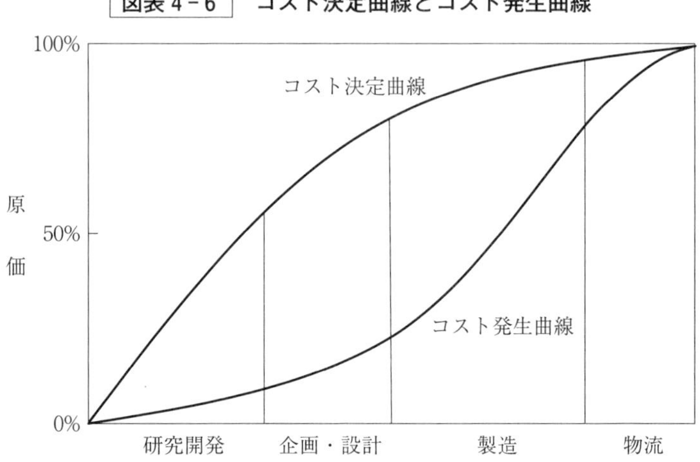

原価企画は市場（顧客）志向型の現場管理技法といわれ，販売価格決定の方法においても，従来の価格決定の考え方と原価企画の価格決定の考え方では，次のように異なる。

実際原価＋利益＝販売価格…従来の価格決定の考え方
市場での予想販売価格－目標利益＝許容原価…原価企画による価格決定の考え方

価格は原価によって決定されるという従来の考え方に対し，原価企画では市場が価格を決めるというようにマーケット志向の考え方をとっている[13]。

次に，原価企画により原価が作り込まれていくプロセスについて検討する。

たとえば，予想市場販売価格100万円，目標売上利益率20%とすれば，

100万円－(100万円×0.2)＝80万円

80万円が許容原価となる。そして，この製品単位当たりで設定される許容原価は，競争市場の価格をもとにトップ・マネジメントにより指示された希望的原価であるから，相当シビアーな金額となる。この許容原価を理想の目標原価として，現場レベルで現状の技術や設備を前提に現実的な観点から原価を積み上げて，「成行原価（見積原価）」を機能別・費目別・部品別・部門別に計算す

る。ここで，許容原価と成行原価（見積原価）の間に差額が生まれ，この差額が原価低減目標となる。

成行原価（見積原価）－許容原価＝原価低減目標

トップ・マネジメントによる利益計画から導き出された許容原価と，現場技術者の現実を反映した成行原価（見積原価）とのキャッチボールによって目標原価を設定することになる。このキャッチボールにおいて，VE（Value Engineering）が用いられる。VEは，価値＝機能÷原価で表され，価値を最大にするために原価と機能の関係を分析する手法である。

このように，原価企画は企画・開発・設計・製造・販売・経理等の組織が一体となって行われなければならない。そして，原価企画は中期経営計画と統合されてはじめてその効力が発揮される。

第4節　営業費管理

§1　営業費の範囲・分類

営業費（Marketing Costs）の意義・範囲については種々の見解があり，一般的には「販売費および一般管理費」(Selling Expenses・General and Administration Expenses）を意味するが，原価管理としての営業費管理の視点からは，「マーケティング活動に直接・間接に消費されるコスト」と考え，社内物流費（つまり，製造原価の中のマーケティング・コスト）をも含めて広く解釈すべきであろう。

そして，その種類としては，機能別および適用方法別に分類することができる。マーケティング機能の種類別に分類する機能別分類では，販売費（広告宣伝費・販売促進費等）・物流費（包装費・輸送費・保管費等）・一般管理費（総務部・経理部等の費用）に分類される。また，マーケティング機能の適用方法別に分類する適用別分類では，製品別・地域別・顧客別等に分類される。

営業費のうちでも販売費である広告宣伝費，物流費の管理が特に重要であるので，この点に焦点をあてて検討し，さらに一般管理費についてはゼロベース予算との関連で検討する。

§2　営業費管理の特徴

従来，原価管理といえば製造原価管理に焦点がおかれ，営業費管理は軽視されてきた。その理由としては種々考えられるが，次のような理由が大きいと考えられる。

① 製造活動は物的かつ反復的性質をもっているが，営業活動は人的かつ非反復的性質をもっているため，営業費を標準原価により管理することは困難である。
② 製造活動においては，製造原価と給付は同時に発生する傾向が強いが，営業活動においては，営業費と売上収益との間にタイムラグがあり，そのため両者を対応させることが困難である。
③ 製造活動に従事している現場の人は，本来，原価意識が高いが，営業活動に従事している人は，売上の向上に主眼があり，原価意識が低くなる傾向があるため，原価管理が困難である。

しかし，これらの理由のうち①および②についてはその性質上やむをえないとしても，③については競争が激しい環境下では，営業関係者にも原価意識を強くもたせ，企業全体としての原価低減を考えなければならないことはいうまでもない。つまり，原価意識・損益意識をもった営業担当者，営業部門の育成こそが，企業の成長・発展・維持につながるわけである。

§3　販売費管理

販売費をいかに低減するかについては，短期的視点ではなく，長期的な販売増進を視野に入れなければならない。そのためには販売費を注文獲得費として捉える必要がある。なぜならば，注文獲得費は標準化が困難であるからである。

営業費管理の中でも広告宣伝費（Advertising Expense）の管理が最も注目されるべきであるから，この点について検討する。広告宣伝費は一般に直截に売上収益に反映するとは限らないし，また効果が必ずしも発揮されるとは限らない。この点について**図表4－7**にて示す。

図表4－7　**売上高と広告宣伝費の関係性**

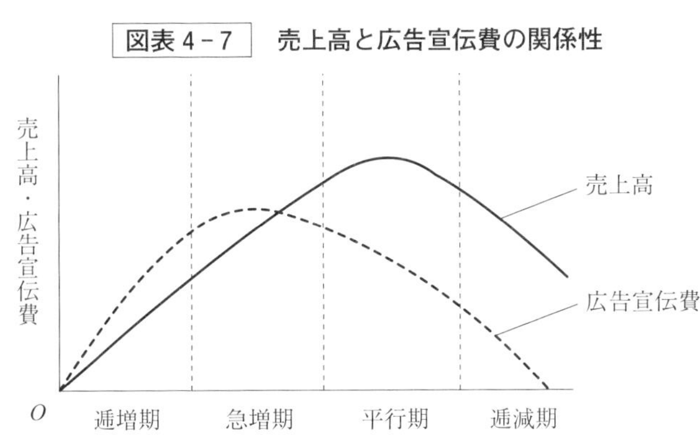

つまり，売上高を逓増期・急増期・平行期・逓減期に分けて，商製品の販売から市場での消滅までの売上高の推移を考慮して，広告宣伝費を対応させる。具体的には，第1段階として，売上高の急上昇を支援するための広告宣伝費の支出，第2段階として，売上高の最高時期の前後に広告宣伝費を低下させ，売上高を一定水準に維持するための広告宣伝費の支出，そして第3段階として，売上高の逓減以前に広告宣伝費を消滅させ，広告宣伝費の支出を打ち切ることになる。

このように広告宣伝費はトップ・マネジメントの政策に関する意思決定の問題であり，政策費用と考えられ，戦略的投資の一種として管理すべきである。したがって，広告宣伝費の投下の結果，最大の効果を上げるためには予算管理を実施しなければならない。しかも広告宣伝費は上述のような性格をもっているから，トップ・マネジメントによる割当予算（総括的割当法）の形で管理すべきである。

§4　物流費管理

日本においては，第2次世界大戦終了直後の1940年代後半は「生産増強の時代」といわれ，1950年代に入り高度経済成長とともに「販売中心の時代」といわれ，1960年代に入って「流通近代化の時代」といわれるようになった。しかし，この時代の流通は「流通経路」に重点がおかれていたが，1970年代になり，いわゆる「物流の時代」といわれるようになり，流通費の管理・削減が注目されるようになった。そして現代の企業にとって物流は，サプライチェーンを構築する上で必要不可欠な課題となっている[14]。

①　物流費とは

物流費とは，売上注文を履行するため，つまり，製品を顧客に届けるための費用であるから「物的流通費」と表現され，一般には「物流費」と表現されている。したがって，§３で取り上げた販売費が注文獲得費であるのに対して，物流費は注文履行費の性格をもっており，予算編成において標準化が可能であることから，予算編成方法の点で販売費とは異なる。したがって，原価引下げの努力による費用の最小化・効率化が目標とされる費用であり，トップ・マネジメントの介入の余地がなく，適正な金額を算定するという点で，販売費とは性格が異なる費用である。その内容としては包装費・輸送費・保管費・荷役費の他に情報流通費（通信費）がある。

ところで，従来，物流費が問題にされてこなかったのは，財務会計の費用としては製造原価・販売費および一般管理費・営業外費用と大別されて表示されているため，形態上，物流費は表面化されないためである。そのため物流費管理の重要性が見落とされてきたきらいがある。ここにおいても財務管理と会計（特に財務会計）との有機的関係・接点・相違が問題となる。たとえば，支払運賃や支払保険料等は販売費および一般管理費の内訳項目としては表面化しているから，それらを取り出して合計すれば物流費として認識できる。しかし，たとえば，工場で生産された製品を営業所へ運搬するための物流費（社内物流費）は製造原価に算入され，物流関係の金利は営業外費用として一括計上され，自己資本利子にいたってはまったく表面化されていない等，物流費として表面化されない金額が多々ある。ここに物流費管理が埋没されてしまう原因がある。したがって，財務管理としては，これらの物流費を表面化させることで統制可能となるだろう。

②　物流費の分類

物流費の分類については，機能別だけでなく領域別に分類する必要がある。機能別では，荷造包装費・輸送配達費・倉庫保管費に分類して管理すべきである。領域別では，調達物流費・社内物流費・販売物流費・返品物流費・廃棄物流費等に分類することが必要である。なぜならば，物流は企業から消費者への流れのみが対象ではなく，逆に消費者から企業へ還流する場合も含めなければならない。すなわち，返品物流費や廃棄物流費も含めて全体的に循環として捉えなければならないからである。

③　物流費の管理

次に，具体的に，物流費管理について検討する。物流費管理は物流費計画と物流費統制に大別できる。前者は物流費に関しての意思決定の問題である。後者は物流費に関しての業績評価の問題であり，予算管理による予算と実績との差異分析によることになる。

まず前者については，意思決定は①代替案の提案，②代替案の評価，③代替案の選択の順序に従って行われ，その際の基準としては各代替案について差額原価（Differential Cost）を求めればよいことになる。また，後者については，変動予算方式（Variable Budget Method）により予算編成をしなければならない。その方法としては実査法（多桁式）と公式法とがある。実査法とは過去の資料に将来の変化の予想を加味して，一定の操業度を中心として予想される範囲内の種々の操業度に一定の操業度間隔を設けて，それらの操業度に応ずる複数の予算額を予算表に列記・表示して，実際操業度が判明すれば比較する。この点について次例により示す。

（例）

実　査　法

操　業　度		3,000	3,500	4,000	4,500	5,000
（%）		60	70	80	90	100
固定費	間接労務費	¥160,000	¥160,000	¥160,000	¥160,000	¥160,000
	保　険　料	16,000	16,000	16,000	16,000	16,000
	減価償却費	80,000	80,000	80,000	80,000	80,000
変動費	直接労務費	160,000	176,000	192,000	208,000	224,000
	直接資材費	14,400	15,600	17,000	18,400	20,000
	直 接 経 費	13,800	16,100	18,400	20,700	23,000
合　　計		¥444,200	¥463,700	¥483,400	¥503,100	¥523,000

（正常操業度は80%）

公　式　法

	固　定　費	変動費率
間 接 労 務 費	¥160,000	―――――
保　　険　　料	16,000	―――――
減 価 償 却 費	80,000	―――――
直 接 労 務 費	―――――	42
直 接 資 材 費	―――――	7
直　接　経　費	―――――	9.8
合　　　計	¥256,000	58.8

上記の表により，実際操業度が68%であった場合，直接労務費については操業度70%の場合¥176,000，60%の場合¥160,000であるから，10%の差について¥16,000となり，68%の場合には¥160,000＋¥16,000×80%＝¥172,800となる。同様に計算して，直接資材費は¥15,360，直接経費は¥15,640となるから，合計としては¥160,000＋¥16,000＋¥80,000＋¥172,800＋¥15,360＋¥15,640＝¥459,800となる。この金額と実際額とを比較すればよいことになる。

次に，公式法とは，次式により予算額を求めて実際額と比較すればよい。

Y（物流費予算）$=F$（固定費）$+V$（変動費率）$\times X$（操業度）

前例と同様，操業度が68％の場合には，Y＝¥256,000＋58.8×3,400＝¥455,920となる[15]。

ここで，物流費管理のあり方について検討する。従来，物流費管理については原価削減に重点がおかれていた。原価削減の場合には，物流部門は原価中心点（Cost Center）として捉えられていた。しかし，物流部を独立採算制として利益中心点（Profit Center），投資中心点（Investment Center）として捉えるべきである。自社内での原価管理の対象としての物流から，ロジスティクス（Logistics）の時代になり，供給業者（サプライヤー），製造業者，小売業者から顧客までのサプライチェーン全体の中での物流へと変化している。サプライチェーン全体の物流，情報，キャッシュ・フローの流れを管理することで，在庫の削減やリードタイムの短縮につながり物流に関する原価が低減され，最終的には，顧客満足度の向上へとつなげることが可能となる。

④　ロジスティクスとしての物流

近年物流からロジスティクスへと発展したが，両者は基本的には同じ思考であると同時に，両者には当然相違がある。この両者について西澤（1992）は次のように述べている。「物流とは，原材料・半製品・完成品の原産地から消費地までの能率的な移動を計画し，実施し，統制する目的で，２つまたは３つ以上の活動を統合することであり，ロジスティクスとは，顧客のニーズを満たすために原材料・半製品・完成品およびそれらに関連する情報の原産地から消費地までの能率的・効率的な移動および保管を計画し，実施し，統制する過程をいう[16]。」

この両者の概念規定からもわかるように，両者の相違点としては，ロジスティクスは顧客志向が重視され，情報管理が追加され，移動（フロー）と保管（ストック）の両方の能率化・効率化を問題とするトータル的思考にもとづいているといえよう。しかも１事業年度のトータル・コストではなく，ライフサイクルにわたるトータル思考である。すなわち，移動と保管をトータルで考え

図表 4－8　輸送費および保管費のトータル・コスト低減

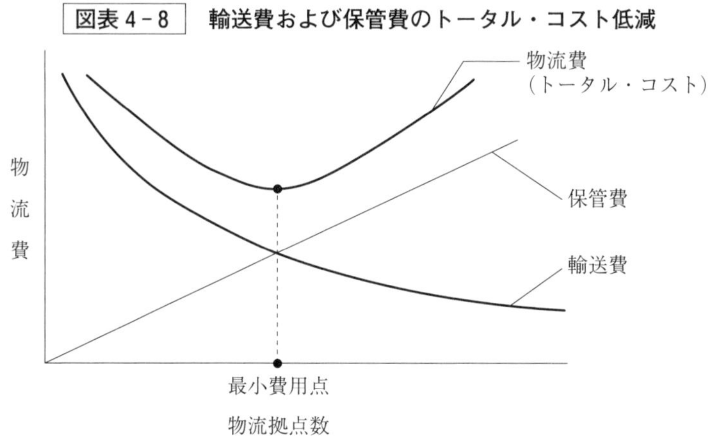

ることになる。たとえば，輸送費と保管費との最適化について，いずれか一方のみの管理では，単に輸送費管理および保管費管理にすぎず無意味であり，両者のトータル・コストの低減が問題である。この点を図示すれば**図表 4－8**のとおりである。これは第6章第2節で検討する在庫管理の問題と同様の発想である。

このように，ロジスティクス・システムは「ジャスト・イン・タイム[17]」(Just-In-Time) を物流面で支えるものであり，EOS（電子受発注システム）・POS（販売時点情報管理）・VAN（付加価値通信網）等の活用が必要となる。

§5　一般管理費の管理―ZBBを中心として―

以上，営業費のうち販売費・物流費の管理について検討してきたが，最後に，一般管理費の管理について検討する。

一般管理費の管理の代表的な項目としては本社費の管理である。本社費とは，企業全般を管理している本社（あるいは本部）に要する費用であり，全社管理部門費・業務代行部門費・現場サービス部門費等からなり，種々の費目がある。そこで，この一般管理費の管理については，特にZBB（Zero-Base Budgeting：Zero-Base Planning and Budgetary System：ゼロベース予算方式）の導入によって管理することが好ましいと考えられるので，この点に焦点をあてて検討する。

ZBBは，1970年代にアメリカで脚光を浴びた方式であり，1973年にアメリカのジョージア州，そして1979年に連邦予算として採用され，その後，民間企業にも普及した。この方式では，過去の実績を問題とせず，ゼロから出発して（ゼロ思考）計画を立て，その上で予算を編成することになる。ZBBは，操業度に対する従属性の薄い間接部門の費用，あるいは独立性の強い研究開発費について適用される。つまり，従来の増分予算主義（Incremental Budgeting System）・予算ぶんどり主義の弊害を取り除くために考え出された。本来は全社あげての思考として取り上げるべきであるが，直接費については適用しがたい面もある。しかし，ここで検討している本社費等の一般管理費の管理には適用されるべきであると考えられる。

日本企業においては，バブル経済崩壊以降長く続いた経済低迷期に，リエンジニアリング[18]の一貫として実施された。

§6　アウトソーシング（業務の外部委託）

消費者の価値観・ニーズの変化により多品種少量生産の時代に入り，企業は「必要な物」を「必要な時」に「必要な場所」へ「必要な量」だけ納入しなければならなくなった。一方，グローバル化の進展により，企業にとっては限られた資源を有効に活用しなければならない。つまり，企業はコア事業（営業・開発・生産）を明確にし，そこに経営資源を集中投資しなければならい。そのために，コア事業以外の部門をアウトソーシング（Outsourcing）する必要がある。これにより，経営の効率化が図られる。たとえば，ある部品の製造をアウトソーシングすることにより，自社で部品を生産するよりコスト削減につなげたり，IT関連部門を専門的な業者にアウトソーシングすることで，より高度なIT化が可能となり，自社で当該分野の人材を育成する時間とコストを削減することができる。また，§4で触れた物流部門をアウトソーシングすることにより，効率的な調達や出荷が可能となり，固定費の削減にもつながる。近年では，自社の総務部門や人事部門などの間接部門を別会社として立ち上げ，一括して引き受けるシェアード・サービス[19]も注目されている。なお，アウトソーシングするか否かの意思決定については，特殊原価調査によって意思決定される。

●注

1 IE（Industrial Engineering）とは20世紀初頭の Taylor, F. W. の科学的管理法以来の成果を体系づけたものであり，経営現象のメカニズムを工学的に捉え，組織・制度・管理の総合的な改善によって原価引下げをはかる技法である。

2 OR（Operations Research）とは第２次世界大戦末期にアメリカで軍事作戦として開発されたものであり，リニア・プログラミング（LP：Linear Pro-graming，一定の制約条件下において最大の効果をうるための技法，つまり，最大利益または最小費用をうるような諸要素の結合関係を見いだす技法）・ゲーム理論・モンテカルロ法・シミュレーション等を内容とした数量的分析手法によって経営管理者の意思決定に活用されるが，IT の発達によりその利用が一層拡大されている。つまり，ある制約条件群のもとで目的関数の最大化あるいは最小化をはかることによって，意思決定に活用される。

3 VA（Value Analysis：価値分析）とは VE（Value Engineering：価値工学）と同義語に用いられ，1949年に GE（General Erectronic）社によって完成された原価低減の技法である。この方法は，最低の総コストで必要な機能を確実に達成するために，組織的に製品やサービスの機能を研究する方法であり，具体的には，現在使用している原材料・サービスの質あるいは機能を原価（コスト）との関連で分析・点検して，代替案を発見・評価する管理技法である。したがって，最小のコストで価値を最大にすることから次式で表わされる。V（価値）= U（効用・機能・品質）/ C（原価）

4 旧大蔵省企業会計審議会中間報告『原価計算基準』第１章　原価計算の目的と原価計算の一般的基準　1.原価計算の目的（三），1962年11月８日。

5 旧通商産業省産業構造審議会「コスト・マネジメント」総括，1967年12月６日。

6 吉田和夫・大橋昭一編著『基本経営学用語辞典』同文舘出版，1994年，80頁，藤井則彦稿。

7 旧大蔵省企業会計審議会中間報告・前掲４，第１章　原価計算の目的と原価計算の一般的基準　4.原価の諸概念。

8 旧通商産業省産業構造審議会・前掲５，第３章第７節　標準直接原価計算。

9 旧通商産業省産業構造審議会・前掲５，第３章第７節　標準直接原価計算。

10 旧通商産業省産業構造審議会・前掲５，第３章第７節　標準直接原価計算。

11 H. T. Johnson & R. S. Kaplan, “Relevance Lost：The Rise And Fall of Management Accounting” Harvard Business School Press, 1987.（鳥居宏史訳『レレバンス・ロスト』白桃書房，1992年）

12 櫻井通晴著『管理会計（第７版）』同文舘出版，2019年。

13 従来の原価に利益を加算することを，コスト・プラス法といい，プロダクトアウト方式という。一方，原価企画の市場が販売価格を決定する方式をマーケットイン方式という。

14 国土交通省（2018年）「物流を取り巻く状況について」によると，物流業界の市場規模は25兆円と大きく成長している。

15 実査法と公式法とで，金額が若干相違する理由については，準変動費の取り扱いにある。つまり，実査法の場合は，準変動費は変動費と同様として計算するが，公式法の場合は，準変動費は変動費または固定費のいずれかとして計算するか，または変動費と固定費に分けて計算するからである。本例では，間接労務費が準変動費であり，この取り扱いの相違で，金額に若干の相違が生じる。

16　西澤脩著『物流費会計入門』税務経理協会，1992年，1-2頁。

17　JITとは，必要な物を，必要な時に，必要なだけ入手し，在庫をゼロに近づけ，生産効率の向上を図るトヨタ生産方式の支柱をなす考え方である。

18　1993年にMichael HammerとJames Champyにより提言された。

19　シェアード・サービスについては，園田智昭『シェアードサービスの管理会計』中央経済社，2006年が詳しい。

第 5 章

資金管理

財務管理の課題の１つである資本収益性については，第３章および第４章で取り扱った。本章ではもう１つの課題である財務流動性について取り上げる。

財務流動性は短期財務流動性と長期財務流動性に分かれるが，本章では短期財務流動性を取り上げ，長期財務流動性については第６章で説明する。なお，資金管理は資金計画と資金統制から構成されるが，本章では，短期財務流動性としての資金管理の説明にあたり，資金計画に焦点をおいて説明する。

資金管理の問題は，制度会計でのキャッシュ・フロー計算書と関連があるため，この点についてふれ，財務管理と会計との関係・接点・相違について説明する。

資金概念としては種々考えられるが，資金を「現金」と概念づける場合と，資金を「正味運転資本」と概念づける場合が一般的である。前者については資金繰り表，後者については資金運用表の作成が問題となるため，これらについて説明する。さらに第３章で取り扱った利益計画と本章での資金計画との関係・接点相違について説明し，最後にキャッシュ・フロー経営の必要性について述べる。

第1節　資金計画

本章では，第1章で述べたように，短期財務流動性の問題として資金管理について検討する。資金管理は資金計画と資金統制から構成されるが，本章では資金計画に焦点をおいて検討する。なぜならば，資金統制は管理会計の一領域である予算管理の内容として，資金予算に関する予算実績差異分析として取り上げられる問題であり，本書は財務管理と会計との有機的関係・接点・相違等を問題としてはいるが，あくまで財務管理に焦点をおいて検討しているからである。また，資金計画を具体的な実行計画としたものが資金予算であるので，この点についても上記と同様の理由で，本書で取り扱う中心的対象でない。

第3章で取り扱った利益計画との関連で検討すると，企業を総合的視点から評価するには，一般には資本利益率が最適であり，それは売上高利益率と資本回転率の積で求められる。したがって，利益計画は，資本と資本循環の結果としての利益との関係を総合的に計画したものといえる。ゆえに，売上高利益率のみに着目するのではなく，資本を有効に活用して売上に対する資本の回転率を高めることが，より少ない資金で利益を実現することになる。そこで，売上と資本との関係，つまり資本回転率に着目した資金面からの分析が必要となり，ここに資本計画が問題となる。そして，資本を経過的な面から計画したものが資金計画である。

具体的には次の2点が問題となる。1つは貸借対照表における資本の調達と運用を示す有高計画の問題，すなわち財務構造計画である。しかし，この点は第6章および第7章で取り扱う内容である。他の1つは，資金の収支計画の問題，すなわち資金繰り表や資金運用表の作成に関するものであり，これらについて，以下，本章で取り上げる。

第2節　資金の概念・定義

§1　資金計画としての財務管理上の資金概念

資金（Funds）という用語は，その使用される内容・箇所によって広狭種々の意味に解釈されて用いられており，資金概念について一定の決まった定義は存在しない。そこで，ここでは資金計算書において用いられている資金概念に限定して，Hector R. Antonの所説を拠り所として種々の資金概念について検討することとする[1]。なお，検討にあたっては，狭義の資金概念から検討し，次第に広義の資金概念へと拡大して順次検討する[2]。

①　資金を現金（預金）と概念付ける考え方

この考え方は資金を最も狭く解釈した場合であり，資金を最も流動性の高いもの，すなわち短期的な不特定の目的のために，企業が所有している貨幣ならびに小切手等の貨幣等価物であると概念付けている。この場合には，資金計算書は現金勘定明細書あるいは資金繰り表であると解釈される（なお，資金繰り表の作成については第3節で取り上げる）[3]。資金を現金（預金）と概念付ける考え方は多くの支持を得ている。

②　資金を正味貨幣性資産と概念付ける考え方

一般に，資産は貨幣性資産と費用性（原価性）資産に分類されるが，この考え方は，前者の貨幣性資産から流動負債を控除したものと資金を概念付けている。換言すれば，流動資産から在庫品である棚卸資産を除いたものを当座資産というが，この当座資産から流動負債を控除したものを資金と概念付ける考え方である。具体的には，当座資産である現金・市場性のある一時的所有の有価証券・短期受取債権等から，流動負債である短期支払債務を控除したものを資金として概念付けている[4]。

③ 資金を貨幣性資産と概念付ける考え方

この考え方は，上述②の正味貨幣性資産に対して，流動負債を控除しない場合の考え方である。つまり，当座資産である現金・市場性のある一時的所有の有価証券・短期受取債権等を資金と考える。したがって，「金銭資産」と表現されるであろう。この考え方は，アメリカでは重要な資金概念として実務上重視されているが，日本の場合には問題がある。なぜならば，日本の場合には，市場性のある一時的所有の有価証券が必ずしも証券市場において確実に流通するとは限らず，また短期受取債権の回収の確率が必ずしも高いとはいえないためである。この考え方は，実務上は重視されていても，理論的にはあまり重視されていない[5]。

④ 資金を正味運転資本と概念付ける考え方

運転資本（Working Capital）という表現には広狭２つの捉え方がある。１つは広義の運転資本であり，総運転資本（Gross Working Capital）といわれるものである。もう１つは狭義の運転資本であり，正味運転資本（Net Working Capital）といわれるものである。この考え方は，流動資産から流動負債を控除したものを資金と概念づけている。企業の営業循環期間中に現金に転換する運転資本とそうでない固定資本との区別は，企業の資金繰りの視点から重要であり，この資金概念は有効な考え方であるといえる[6]。

正味運転資本に注目した場合の資金計算書は，資金運用表（Statement of Source and Application of Funds）であると解釈される。資金運用表は正味運転資本の変化の原因を，資金の調達源泉と運用（使用）という形式で対照表示したものである（資金運用表の作成については第４節で取り扱う）。

⑤ 資金を流動資産と概念付ける考え方

この考え方は，流動資産すべてを資金と考えており，理解しやすい考え方である。しかし，流動資産には種々の内容の項目が含まれているから，資金の回転という視点からみれば，必ずしも資金とはいい難い項目も含まれていることになり，厳密性という視点からみれば問題がある[7]。

⑥　資金を総資産と概念付ける考え方

この考え方は，資金を最も広く解釈した考え方であり，資金を貸借対照表の借方合計金額とする。つまり，個々の項目を資金と考えず，購買力全体の大きさを資金とする考え方である[8]。

以上のように，種々の資金概念が考えられ，それぞれその使い途により有効性が発揮されるわけであるから，一概にいずれの資金概念が妥当であるとはいえない。しかし，一般には，上述のうち①の資金を現金（預金）と概念付ける考え方，および，④の資金を正味運転資本と概念付ける考え方の支持者が多い。

§２　制度会計上の資金概念

以上の資金計画としての財務管理上の資金概念に対して，日本における制度会計では資金をどのように捉えているかについて検討する。

以前の日本では，会計上，資金情報については制度化されていなかったが，2000年３月決算期から制度化されることになった。そこで，この点の経緯にふれながら，制度会計上の資金概念について検討する。

①　日本における制度会計上の資金の捉え方の変遷

日本における資金情報は，企業会計審議会が1986年10月に公表した「証券取引法に基づくディスクロージャー制度における財務情報の充実について」（中間報告）において，資金繰り情報の改善が提案され，これに基づいて，1987年４月以降，有価証券報告書および有価証券届出書の「経理の状況」において，財務諸表外の情報として個別財務諸表ベースの資金収支表が開示されてきた。個別財務諸表ベースの資金収支表では，企業全体の資金収支を営業活動に伴う収支と，資本調達に伴う収支との２区分で表示し，「営業収入」と「営業支出」による総額表示が求められていた。ここでの資金概念は，現金預金（ただし，預金については１年を超えて期限の到来するものは含まない）および市場性のある一時的所有の有価証券である[9]。なお，現金には小口現金・手許にある当座小切手・送金小切手・送金為替手形・預金手形・郵便為替証書・振替貯金払出証書等を含むとしている[10]。

その後，企業会計審議会は，1997年6月に公表した「連結財務諸表制度の見直しに関する意見書」において，連結情報重視の観点から，連結財務諸表ベースのキャッシュ・フロー計算書を導入するとともに，個別財務諸表ベースの資金収支表を廃止することを提言した。また，企業会計審議会は半期報告書における中間連結キャッシュ・フロー計算書および個別財務諸表ベースの中間キャッシュ・フロー計算書の作成についても提言した。その後，企業会計審議会は，1998年3月に「連結キャッシュ・フロー計算書等の作成基準の設定に関する意見書」を公表した。なお，同意見書は，連結財務諸表ベースのキャッシュ・フロー計算書を導入する場合，連結財務諸表を作成しない会社については，従来の資金収支表に代えて個別財務諸表ベースのキャッシュ・フロー計算書を導入することが適当としている。

以上の経緯により，キャッシュ・フロー計算書は基本財務諸表の1つとして制度化されることになった。なお，個別財務諸表ベースのキャッシュ・フロー計算書および中間キャッシュ・フロー計算書については，「連結キャッシュ・フロー計算書等の作成基準の設定に関する意見書」が示す「連結キャッシュ・フロー計算書作成基準」を準用することとした。

② 日本の「キャッシュ・フロー計算書における資金概念」

「連結キャッシュ・フロー計算書作成基準」は，資金概念について，現金（手許現金および要求払預金）および現金同等物としている。現金同等物については，容易に換金可能であり，かつ，価値の変動について僅少なリスクしか負わない短期投資とし，価値変動リスクの高い株式等は除外した。なお，現金同等物に具体的に何を求めるかは経営者の判断に委ねることとした。なお，現金および現金同等物の内容，キャッシュ・フロー計算書の現金および現金同等物の期末残高と貸借対照表上の科目との関連性，ならびに資金の範囲の変更の場合にはその旨・その理由・影響額を注記することとした。

キャッシュ・フロー計算書の表示区分については，「営業活動によるキャッシュ・フロー」，「投資活動によるキャッシュ・フロー」，「財務活動によるキャッシュ・フロー」の3区分表示とした。「営業活動によるキャッシュ・フロー」の表示方法としては，主要な取引ごとに収入総額と支出総額を表示する直接法と，純利益に必要な調整項目を加減して表示する間接法があるが，いずれの方法を選択するかは継続適用を条件として選択適用を認めている。なお，間接法による場合には，法人税等を控除する前の当期純利益である税引前当期純利益から開始する形式によることとし，法人税等の支払額は独立の科目として表示しなければならない。

以上が現在の日本のキャッシュ・フロー計算書における資金概念である。

③　アメリカおよび国際会計基準の「キャッシュ・フロー計算書」における資金概念

参考までにアメリカおよび国際会計基準についての取扱いを検討する。

アメリカにおいては，1987年に財務会計基準審議会（Financial Accounting Standards Board：FASB）が財務会計基準書第95号『キャッシュ・フロー計算書』（Statement of Cash Flows）を規定し，それ以来，「キャッシュ・フロー計算書」を損益計算書および貸借対照表とともに財務諸表の１つとして作成・公表している（現在は，会計基準編纂書830号に置き換えられている）。

同号は表示方法としては，企業全体の資金収支を営業活動に伴う収支・投資活動に伴う収支・財務活動に伴う収支に区分している。そして資金概念としては，現金預金および現金同等物としている。なお，この場合の「現金」については次のように定義している。「通常の用語法に従い，現金には手元にある通貨だけではなく，銀行またはその他の金融機関の要求払い預金も含まれる。現金には，預金者がいつでも追加預金を預け入れ，また事前の通知や違約金なしに，いつでも資金を引き出すことができるような，要求払い預金がもつ一般的な性質を有するその他の種類の勘定も含まれる[11]。」また，現金同等物としては，短期かつ流動性の高い投資である国債（Treasury Bills），コマーシャルペーパー，短期金融資産投資信託（Money Market Funds）が含まれ，銀行業務を営む企業においては，受入連邦資金（Federal Funds Sold）も含まれる。

国際会計基準委員会（International Accounting Standards Committee：IASC）は，1977年７月に公表したIAS第７号「財政状態変動表」（Statement of Changes in Financial Position）」を1992年10月に改訂し，そのタイトルを「キャッシュ・フロー計算書」（Cash Flow Statement）」へと変更するとともに，表示方

法についてもアメリカと同様の分類をしており，また資金概念に関してもアメリカと同様の概念付けをしている[12]。

§3　資金計画としての財務管理上の資金概念と制度会計上の資金概念との関係・接点・相違

以上のように，資金概念は，財務管理上の資金概念としては，現金および正味運転資本が一般的である。これに対して，日本の制度会計では，現金預金および現金同等物に限定されており，正味運転資本の取り扱いに相違がみられる。これが財務管理と会計との相違である。つまり，財務管理という企業内部の管理・運営目的の視点からは正味運転資本の重要性は当然であるが，他方，制度会計では，外部利害関係者（Stakeholders）への情報開示という視点から，あくまで支払能力という視点に立って資金を概念付けている。これは，運転資本は支払能力の判定としては問題があるためである。

第3節　現金資金計画—資金繰り表の作成—

第2節で説明したとおり，資金には種々の概念があるが，資金を現金と概念付けた場合には，具体的には資金繰り表を作成することになる。資金繰り表は通常1ヵ月単位で策定され，これにより，企業の短期資金調達および資金運用を明らかにすることができる。また，資金繰り表を作成することは，内部管理目的および外部報告目的の両方に有用である。

資金繰り表の区分・形式については，第2節で取り上げた区分表示との関係で，次の3種類が考えられる。①営業活動・投資活動・財務活動に3区分する方法。これはアメリカをはじめ多くの国で採用されている方法であるが，営業活動・投資活動・財務活動の内容が必ずしも明瞭でないため，3区分のいずれに入れるべきかの問題が生じる点に問題がある。②営業活動・財務活動に2区分する方法。まず営業活動に伴う収支を示し，続いて財務活動に伴う収支を示す方法であるが，投資活動に伴う収支をいかにするかが問題であり，投資活動に伴う収支を営業活動に伴う収支に入れるか，あるいは財務活動に伴う収支に入れるか，それとも両方に入れるか等の問題がある。③無区分で表示する方法。これは営業活動，投資活動，財務活動に伴う収支をすべて区分せずに表示する方法であり，明瞭性の点からみて問題がある。しかし，3つの活動の区分が必ずしも明確でないため，かえって主観的判断の介入を避けることができるという点でメリットがある。

具体的な資金繰り表の作成については，各企業において独自に工夫されるが，次に一例として無区分表示による資金繰り表を例示する[13]。

(例)　次の資料に基づいて，1月～3月の資金繰り表を作成しなさい。

（資料）1　前月末の現金有高は¥600,000である。

2　前月中の経常的資金収支の実績は次のとおりであり，この程度の資金収支は当月以降も継続する見込みである。

(1)　売上高は月平均¥3,000,000であり，そのうち50%は掛売りである。そして，売掛金は翌月に現金で半額，60日払の手形で半額回収する。

(2)　受取手形の割引高は月平均¥500,000である。なお，割引料は無視する。

(3)　仕入高は月平均¥2,500,000であり，全額掛仕入である。買掛金は，仕入後1カ月目に現金で半額，60日払の手形で半額を決済している。

(4)　販売費は月平均¥180,000である。

(5)　一般管理費は月平均¥150,000である。

3　このたび，当社へ臨時の注文があり，その売上条件および所要資金は次のとおりである。

(1)　売上金額は¥3,000,000であり，納入は2月中であり，代金は3月末現金受取である。

(2)　このための所要増加運転資金は次のとおりである。

(イ)　仕入代金は¥2,500,000であり，2月初頭に現金で仕入れる。

(ロ)　販売費は¥120,000であり，2月中に現金で支払う。

4　当社はこの注文を引き受けることとし，所要資金は銀行借入金のみで調達することとした。借入金額は¥2,620,000であり，融資は1月末にうけ，3月末に返済する。なお，日歩3銭（100円につき1日あたり0.03円）による手形借入による。また，利息の計算は60日とする。

資金繰り表 （単位：円）

<table>
<tr><th colspan="3">月
項目</th><th>1　　月</th><th>2　　月</th><th>3　　月</th></tr>
<tr><td colspan="3">前月繰越（A）</td><td>600,000</td><td>3,342,840</td><td>892,840</td></tr>
<tr><td rowspan="3">受入</td><td>売上代金</td><td>現金売上
売掛金回収
手形期日取立
手形割引</td><td>1,500,000
750,000
250,000
500,000</td><td>1,500,000
750,000
250,000
500,000</td><td>1,500,000
3,750,000
250,000
500,000</td></tr>
<tr><td colspan="2">銀行借入金</td><td>2,620,000</td><td></td><td></td></tr>
<tr><td colspan="2">受入合計（B）</td><td>5,620,000</td><td>3,000,000</td><td>6,000,000</td></tr>
<tr><td rowspan="6">支払</td><td>仕入代金</td><td>現金仕入
買掛金支払
手形支払</td><td>
1,250,000
1,250,000</td><td>2,500,000
1,250,000
1,250,000</td><td>
1,250,000
1,250,000</td></tr>
<tr><td colspan="2">販売費</td><td>180,000</td><td>300,000</td><td>180,000</td></tr>
<tr><td colspan="2">一般管理費</td><td>150,000</td><td>150,000</td><td>150,000</td></tr>
<tr><td colspan="2">借入金利息</td><td>47,160</td><td></td><td></td></tr>
<tr><td colspan="2">借入金返済</td><td></td><td></td><td>2,620,000</td></tr>
<tr><td colspan="2">支払合計（C）</td><td>2,877,160</td><td>5,450,000</td><td>5,450,000</td></tr>
<tr><td colspan="3">次月繰越
（A＋B－C）</td><td>3,342,840</td><td>892,840</td><td>1,442,840</td></tr>
</table>

第４節　運転資本計画―資金運用表の作成―

第２節で述べたように，資金を正味運転資本と概念付けた場合には，具体的には資金運用表を作成することになる。資金運用表とは２期間の貸借対照表をベースに，損益計算書および利益処分項目関係の資料により，正味運転資本の変化の原因を資金の調達源泉と運用（使用）という形式で対照表示したものである[14]。したがって，正味運転資本が増加すれば支払能力が高まり，財務流動性が向上したことになり，反対に，正味運転資本が減少すれば支払能力が低下し，財務流動性が悪化したことになる。このように，企業の資金の動きを大局的にみることにより，資金収支状況や支払能力の判断に有効となる。しかし，資金運用表はあくまで２期間の貸借対照表項目の有高の比較によって作成されたものであるから，期中における財務的均衡の維持を知ることはできないという点に問題がある。

資金運用表の作成原理を示せば**図表5－1**のとおりである。正味運転資本の増減結果は貸借対照表に要約されているから，第1図の貸借対照表は，第2図および第3図のように分解されることになる。

図表5－1　資金運用表の作成原理

第1図　貸借対照表

<table>
<tr><td rowspan="3">流動資産</td><td rowspan="2">流動負債</td></tr>
<tr></tr>
<tr><td rowspan="2">固定負債</td></tr>
<tr><td rowspan="3">固定資産</td></tr>
<tr><td rowspan="2">自己資本</td></tr>
<tr></tr>
</table>

第2図　運転資本

<table>
<tr><td rowspan="2">流動資産</td><td>流動負債</td></tr>
<tr><td>正味運転資本</td></tr>
</table>

第3図　固定資本

<table>
<tr><td>正味運転資本</td><td rowspan="2">固定負債</td></tr>
<tr><td rowspan="2">固定資産</td></tr>
<tr><td>自己資本</td></tr>
</table>

したがって，正味運転資本の増減内容は**図表5－2**のとおりとなる。

図表5－2　正味運転資本の増減内容

	正味運転資本が増加する場合(A)	正味運転資本が減少する場合(B)
Ⅰ	流動資産の増加 流動負債の減少	流動資産の減少 流動負債の増加
Ⅱ	固定負債・自己資本の増加 固定資産の減少	固定負債・自己資本の減少 固定資産の増加

以上の点をさらに具体的に検討すれば，**図表5－2**のⅡで示すとおり，資金の源泉としては，長期借入金や社債の発行等による固定負債の増加，増資によ

る株式の発行等の資本金の増加，当期利益の増加，減価償却費および諸引当金等非現金支出項目の増加，固定資産の売却等による固定資産の減少等がある。他方，資金の運用としては，長期借入金の返済や社債の償還等による固定負債の減少，減資等による資本金の減少，配当金や法人税等の支払等の支出および当期損失，固定資産の取得等による固定資産の増加等がある。

また**図表5－2**のⅠで示すとおり，正味運転資本の増加としては，売上債権の増加や棚卸資産の増加等による流動資産の増加，買入債務の返済等による流動負債の減少がある。他方，正味運転資本の減少としては，現金預金の減少や短期貸付金の回収等による流動資産の減少，買入債務や短期借入金の増加等による流動負債の増加がある。

以上より，資金運用表の作成方法としては，Ⅱの(A)と(B)との差額によって正味運転資本の増減額を求め，その上で，その増減額の原因をⅠの(A)と(B)との差額として求めることになる。

以上の原理からすれば，結局，正味運転資本は次のように表すことができる。

正味運転資本＝固定負債＋自己資本－固定資産
正味運転資本＝流動資産－流動負債

したがって，上式による両者の正味運転資本の金額は当然一致することになる。以上の原理に基づいて，次に実績資金運用表の一例を示す[15]。

(例)　A企業の第X1期および第X2期の貸借対照表は下記のとおりである。なお，第X1期には，①配当金支払が500万円[16]，②積立金繰入れが200万円行われた。また，第X2期には，③減価償却が600万円，④貸倒引当金繰入が120万円行われた。

貸借対照表

（単位：万円）

科目	金額		科目	金額	
	第X１期	第X２期		第X１期	第X２期
流動資産			流動負債		
現金預金	1,400	2,600	買掛金	4,000	2,600
売掛金	1,600	1,200	未払金	100	160
商品	3,000	2,400	流動負債小計	4,100	2,760
有価証券	200	160	固定負債		
流動資産小計	6,200	6,360	長期借入金	3,000	4,200
固定資産			純資産		
建物	5,800	6,400	資本金	4,000	5,000
			積立金	200	400
			当期利益	700	400
			純資産小計	4,900	5,800
資産合計	12,000	12,760	負債･純資産合計	12,000	12,760

資金運用表精算表

（単位：万円）

科目	貸借対照表		増減差額		修正額		Ⅰ運転資本		Ⅱ固定資本	
	第X1期	第X2期	借方	貸方	借方	貸方	増加	減少	運用	調達
現金預金	1,400	2,600	1,200				1,200			
売掛金	1,600	1,200		400	(エ) 120			280		
商品	3,000	2,400		600				600		
有価証券	200	160		40				40		
建物	5,800	6,400	600		(ウ) 600				1,200	
合計	12,000	12,760								
買掛金	4,000	2,600	1,400				1,400			
未払金	100	160		60				60		
長期借入金	3,000	4,200		1,200						1,200
資本金	4,000	5,000		1,000						1,000
積立金	200	400		200	(イ) 200	(イ) 200				
当期利益	700	400	300		(オ) 400	(ア) 500				
合計	12,000	12,760	3,500	3,500						
営業活動より										
当期利益						(オ) 400				400
配当金					(ア) 500				400	
役員賞与金									100	
減価償却費						(ウ) 600				600
貸倒引当金繰入						(エ) 120				120
合計					1,820	1,820				
正味運転資本の増加								1,620	1,620	
合計							2,600	2,600	3,320	3,320

実績資金運用表

（単位：万円）

1　資金の源泉			
当期利益		400	
非現金支出項目			
減価償却費	600		
貸倒引当金繰入	120	720	
長期借入金の増加		1,200	
資本金の増加		1,000	
資金調達合計			3,320
2　資金の運用			
固定資産の増加		1,200	
配当金の支払		500	
資金運用合計			1,700
差引：正味運転資本の増加			1,620
3　正味運転資本の増加原因			
現金預金の増加		1,200	
買掛金の減少		1,400	2,600
売掛金の減少		280	
商品の減少		600	
有価証券の減少		40	
未払金の増加		60	980
差引：正味運転資本の増加			1,620

（解説）

資金運用表の作成に関しては，まず資金運用表の運算表である精算表を作成する必要がある。そこで，この精算表の修正欄では，残高の変化ということで正味金額で示されていた資金の流れを，正味金額にいたる前のかたちに戻す作業が行われる。この作業は，その金額がもともと記帳されていた勘定に記帳することを意味する。そうすれば相殺されて，結局その勘定からその金額を消したことになるからである。次に資金の流れをつかむために新たに設けられた勘定に，消した金額と同じ金額を記帳するわけである。したがって，もし元の記帳が貸方であれば，修正記帳は借方に行われることになる。この点に注意が必要である。

以上，理論的に正味運転資本について，資金運用表の作成と関連して検討してきたが，流動資産－流動負債によって正味運転資本が求められても，要は流動資産および流動負債の内容が問題であるため，正味運転資本の大小のみによって，支払能力，ひいては財務流動性の良否を判断するのは早計であると考えられる。つまり，流動資産および流動負債の内容について十分な検討が必要である。たとえば，売掛金および買掛金についても，その決済方法の吟味が必要であり，また受取手形および支払手形についても，その手形サイトの吟味が必要である。以上の点を十分吟味して，財務流動性を考えるべきである。

そこで，実務的には次のように考えるべきである。企業における運転資本としては売掛金・受取手形および棚卸資産と買掛金・支払手形および短期借入金との関係に着目すべきである。つまり，資金を売掛金・受取手形および棚卸資産に投下すると，それだけ資金の回転が遅延・悪化する。それに対して，その遅延・悪化した資金を買掛金・支払手形によって補うことになり，資金の遅延・悪化を最小限に食い止めようとする。しかし，それでもなお，困難な時には短期借入金によって補填することで，財務流動性を保持することになる。したがって，運転資本は売掛金，受取手形および棚卸資産と，買掛金および支払手形との差額であり，その差額と短期借入金との関係についてバランスを考えるべきである。

なお，流動資産と流動負債との差額である正味運転資本は運転資金明細表として示され，資金運用表とあわせて資金計算書といわれることもある。また，資金運用表は過去の実績に基づいて作成される実績資金運用表と将来の計画のための予定資金運用表があり，後者は資金計画表（Statement of Fund Planning）といわれることがある。

最後に，これまで検討してきたように，資金運用表の作成については正味運転資本の概念に焦点をおいて，正味運転資本を流動資産－流動負債として捉えれば，確かに本章で取り上げた短期財務流動性の問題となるが，反面，資金運用表の作成に焦点をおいた場合，正味運転資本の概念は固定負債＋自己資本－固定資産と捉えられるから，この場合には，むしろ第７章で取り扱う長期財務流動性の問題となる。しかし，本章ではあくまで資金概念の捉え方に従って，各資金概念による各資金計算書の検討に焦点をおいて考察しているから本章で取り扱った。

第5節　利益計画との関係
—利益計画と資金計画との有機的関係・接点・相違について—

§1　資金計画と利益計画の有機的関係・接点

利益計画についてはすでに第3章において取り上げた。そこで，ここではその利益計画と本章で取り上げた資金計画との有機的関係・接点・相違等について検討する。

当然両者には密接な関係があるが，しかし，両者の関係については利益計画をどのように捉えるかによって2つの見方が考えられる。1つは，利益計画を年度予算と同じ内容のものと解釈すれば，資金計画，特に年度資金計画は利益計画の一環として利益計画に包摂されることになる。他の1つは，利益計画は大綱的利益計画であって，年度予算の前提とはなっても年度予算そのものではないと解釈すれば，両者は密接な関係にあるものの一応別個のものと考えられる。この場合の利益計画は大綱的性格を有するが，資金計画にはより詳細な内容が求められる。したがって，資金計画の作成が可能となるのは予算編成時であると考えられる。

このように2つの見解があるが，一般には後者と考えられており，この点は旧通産省産業合理化審議会の答申「経営方針遂行のための利益計画」においても採用されている[17]。

両者の関係について，商業資本の運動を例にあげて検討すれば次のとおりである。

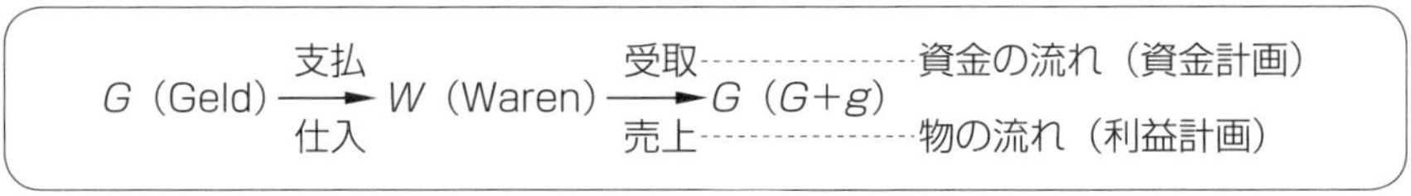

支払　　　　　　　　　受取……………資金の流れ（資金計画）
G（Geld）──→ W（Waren）──→ G（$G+g$）
仕入　　　　　　　　　売上……………物の流れ（利益計画）

つまり，企業は企業内外から資金を調達し，その資金をもって商品を仕入れ，その際に現金を支払う（ただし，ここでは信用取引を想定せずに，現金決済として単純化して検討しているが，信用取引であっても近い将来現金化するから同じである。要は時間差があるにすぎない）。仕訳で示せば，（借方）仕入（貸方）現金となる。つづいて，その仕入れた商品を外部へ販売し，現金を受け取る（この場合も，仕入の場合と同様，信用取引を想定しない）。仕訳で示せば，（借方）現金（貸方）売上となる。このように，仕入および売上という物の流れが，損益計算書に関係し，利益計画に結びつくことになる。他方，現金の授受という現金資金の流れが，資金計算書に関係し，資金計画に結びつくことになる。

したがって，利益計画と資金計画は同時並行に行われ，同時に把握されるので，両者は密接な関係にあり，両者を切り離すことは不可能である。つまり両者は内容的には相互関係があるが，把握する観点が異なるだけである。ここにおいて財務管理と会計とには有機的関係・接点があることは明らかである。しかし，両者には相違点も多々あるため，次にこの点について検討する。

§2　資金計画と利益計画の相違点

資金計画と利益計画の相違点について列挙すれば次の諸点であろう。

① 利益計画の目的は資本収益性の向上，つまり採算性にあるが，資金計画の目的は財務流動性の向上，つまり支払能力にある。

② 利益計画においては一定期間（1会計期間）の収益と費用の差額がプラスになる，つまり決算時点において当期純利益が計上されればよいが，資金計画においては一定時点（支払日現在）における総収入と総支出の差額がプラスにならなければ，資金ショートし，資金繰りの点で企業倒産の引き金になる可能性がある。したがって，俗にいう「黒字倒産」の可能性がある。このように，利益計画にはある程度の時間的余裕があり，たとえ失敗しても直ぐには倒産につながらず，その影響は消極的であるが，資金計画には時間的余裕がなく，直接に倒産へつながる可能性がある。

③ 利益計画においては目標は現実よりも若干高目において，刺激を与える必要があるが，資金計画においては目標は現実よりも若干低目において，現実的安全性を見込まなければならない。

④ 利益計画においては利益図表や資本図表を利用して利益計画を樹立するが，

資金計画においては資金繰り表や資金運用表を利用して資金計画を立てる。

§3　資金計画と利益計画の順序についての関係

以上，資金計画と利益計画の有機的関係・接点・相違等について検討してきたが，実際の問題として，両計画の順序としては，やはり資本収益性が優先される。すなわち，まず利益計画が樹立され，その上で財務流動性を検討し，資金計画が立てられ，その財務流動性によるチェックによって，利益計画の再検討，つまりフィードバックによって利益計画の修正がなされる。したがって，利益計画——►資金計画-----►利益計画という方法によることとなる。

第6節　資金管理に関して，財務管理と会計との関係
—「キャッシュ・フロー経営」の必要性—

財務管理においては財務流動性が重要であるという立場から，資金管理は従来より重要視されてきた。他方，日本の制度会計では，本章第2節§2で指摘したように，2000年3月決算期よりキャッシュ・フロー計算書が導入され，資金の動き・流れに注目されるようになった。そこで，資金管理に関して財務管理と会計（特に財務会計）との関係について検討する。

日本のキャッシュ・フロー計算書のモデルを示せば，**図表5－3**のとおりである。

キャッシュ・フロー計算書において，営業活動によるキャッシュ・フローはどちらかといえば会計の領域であり，投資活動によるキャッシュ・フローは会計と財務の領域であり，そして財務活動によるキャッシュ・フローはあえていえば財務の領域といえる。この点からしても，財務管理と会計との関係・接点が明らかとなる。

ところで，日本の従来の企業経営は，当期純利益に焦点がおかれ，損益計算書が重視されてきた。しかし，「黒字倒産」という現象から明らかなように，当期純利益と同じく，あるいはそれ以上に，資金の動き，流れの把握が重要で

図表5-3　キャッシュ・フロー計算書のひな型

（A株式会社）　自 X1年4月1日　至　X2年3月31日

Ⅰ　営業活動によるキャッシュ・フロー	
①税引前当期純利益	1,500
②減価償却費	200
③受取手形・売掛金増減額	△2,400
④商品増減額	△1,000
⑤支払手形・買掛金増減額	2,400
⑥法人税・住民税・事業税支払額	△600
営業活動によるキャッシュ・フロー	100
Ⅱ　投資活動によるキャッシュ・フロー	
⑦有価証券増減額	△500
⑧有形固定資産増減額	△1,500
投資活動によるキャッシュ・フロー	△2,000
Ⅲ　財務活動によるキャッシュ・フロー	
⑨長期借入金増減額	2,000
⑩社債増減額	△400
⑪資本金増減額	2,000
財務活動によるキャッシュ・フロー	3,600
Ⅳ　現金および現金同等物増減額	1,700
Ⅴ　現金および現金同等物期首残高	500
Ⅵ　現金および現金同等物期末残高	2,200

ある。これまで日本では，企業の資金調達方法の主流は間接金融であって，企業にとっては資金に関する心配・不安・配慮に欠けていたといえる。また，企業はキャッシュに対するリターンについての意識が欠けており，キャッシュの効果的活用を株主のために行っていなかったといえる。しかし，昨今，コーポレート・ガバナンス（企業統治）が問題になってきており，これらの問題に対する解決の糸口が見いだされつつある[18]。

以上，いずれにしても，国際的資金調達が必要となった現在，資金の動き・流れに注目した，いわゆる「キャッシュ・フロー経営」の必要性はいうまでもない。その場合，営業活動によるキャッシュ・フローと投資活動によるキャッシュ・フローに注目した「フリー・キャッシュ・フロー」に注目すべきである。

●注

1　Hector R. Anton, "Accounting for the Flow of Funds" Houghton Mifflin Company, 1962. 森藤一男・鎌田信夫共訳『資金計算の理論』ダイヤモンド社，1964年，46-61頁をベースに著者なりに解釈した。

2　Hector R. Anton は必ずしも狭義の資金概念から，次第に広義の資金概念へと解釈するという方向性をとっていない。したがって，Hector R. Anton の所説にもとづく著者なりの解釈である。

3　この考え方の代表的提唱者としては，R. B. Kester, H. T. Scovill, H. S. Noble, G. L. Husband & W. J. Schlatter 等があげられる。しかし，たとえばR. B. Kester にしても，資金とは現金であると概念付けながら，実際には後述の運転資本概念を用いている点から，この資金概念は狭い単なる概念上のものと考えているようである。

4　このような考え方の代表的提唱者としては Maurice Moonitz があげられ，H. R. Anton 自身もこの考え方を支持している。

5　したがって，特にこの考え方を提唱する代表者はいない。

6　このような考え方の代表的提唱者としては，L. L. Vance, H. A. Finney & H. C. Miller, W. H. Childs, H. E. Black & J. E. Champion 等があげられ，そして大半の会計学者はこの考え方を支持しているといえる。

7　この考え方の代表的提唱者としては，Perry Mason, H. C. Miller 等があげられる。

8　この考え方の代表的提唱者とては，L. Goldberg, E. O. Edwards, W. A. Paton & R. A. Stevenson 等があげられる。

9　藤井則彦『日本の会計と国際会計（増補第３版）』中央経済社，90-91頁。

10　財務諸表等規則第15条第１号および第４号ならびに財務諸表等規則取扱要領第14および第21（なお，現財務諸表等規則ガイドライン15-１）。

11　SFAS 第95号，para 7, footnote 1.（なお，現 FASB ASC 830-10-20, Glossary）

12　なお，同号は，2007年９月にIASC の後継の組織である国際会計基準審議会（International Accounting Standards Board：IASB）により，国際財務報告基準（International Financial Reporting Standards：IFRS）の全体で使用される用語の変更に伴い，「キャッシュ・フロー計算書」(Statement of Cash Flow)」へ変更されている。

13　高松和男『100万人の財務分析』日本生産性本部，1964年，87-88頁を加筆・修正。

14　藤井則彦「資金運用表」吉田和夫・大橋昭一編『基本経営学用語辞典（４訂版)』，116頁。

15　西澤脩著『財務管理』泉文堂，1995年，253-255頁を加筆・修正。ただし，解説は著者による。

16　2002年の商法特例法改正により，役員賞与金は従来の利益処分項目としてではなく，発生時に費用処理することが原則となった。なお，会社法においても同様である（会社法第361条第１項)。

17　旧通商産業省企業局編『経営方針遂行のための利益計画』および「同付録」1956年。

18　コーポレート・ガバナンスについては第１章第１節，および，藤井則彦『日本の会計と国際会計（増補第３版)』中央経済社，１-９頁参照。なお，持ち合い株式に関しては，1990年には33％であったが，1996年頃から急減少し，2018年には９％台へと減少している。

これは，利益捻出のため，持ち合い株式を売却するようになったことや，金融機関との持ち合いについては事業会社が資金調達を市場からの直接金融に頼るようになったためである。また，持ち合い株式は通常，議決権行使が行われないため，株主総会の議決が形骸化し，一般の株主の権利を阻害するというコーポレート・ガバナンス上の問題が生じることや，持ち合い株式の保有が資本コストに見合わず，株主の価値を減少させている可能性があることが問題視されている。

第 6 章

資本運用

第７章で説明するように，本章と第７章とはペアーの関係にある。

本章では，資本運用として在庫投資および設備投資について説明するが，中心は設備投資にある。特に，設備投資の経済性計算を中心に説明する。設備投資の経済性計算としては種々の方法があるが，貨幣の時間価値を考慮しない単純な方法と，貨幣の時間価値を考慮した高度な方法とに大別され，そのおのおのに種々な方法がある。しかし，一般には，後者の方法のうち，現在価値法が採用されている。

第1節　資本運用概説

第7章第1節で述べるように，本章で取り扱う資本運用は，第7章で取り上げる資本調達との相互関連において考察すべきであることはいうまでもない。このような視点にたって，本章では資本運用について検討する。

資本運用（資本投下）は一般に，経常支出（Operating Expenditure）と資本支出（Capital Expenditure）とに大別され，前者は1年以内の短期間に発生する内容の事柄をさし，具体的には，(イ)給料等営業のための諸経費の支出，(ロ)売上債権の取得，(ハ)在庫の保有の3つがある。他方，後者は投資と同義語と考えられ，1年以上の長期にわたり経済的効果をもたらし，金額的にみても投下額が相当な内容の事柄をさし，具体的には設備投資をさす。しかし，本章では貸借対照表の借方項目のみを問題としているから，上述のうち経常支出に属する売上債権の取得および在庫の保有ならびに資本支出である設備投資に限定されることになる。なぜならば，経常支出に属する営業のための諸経費の支出は費用項目であり，損益計算書に関連する内容であるからである。この点においても財務管理と会計との有機的関係・接点・相違がみられる。

以上より，本章で取り扱う資本運用としての内容としては，売上債権への投資・在庫投資・設備投資の3つとなるが，このうち売上債権への投資については特に問題とすべき内容がないので，後の2者について検討することとする。

第2節　在庫投資

在庫投資とは販売の用に供するために，在庫品（棚卸資産）を取得する必要があるが，そのために資本を投下する（資本運用）ことである。そこでこの在庫投資に関しては，その内容としては科学的在庫管理技法が問題となり，具体的にはABC分析・経済的（最適）発注量の算定・経済的発注時点分析等が問題となるので，以下これらについて検討する。

§1　ABC分析

ABC分析とは，多種類の商製品を取り扱っている企業において，そのすべての商製品の在庫を管理することはコストと時間の点からみて無意味であるから，数量の多寡ではなく，金額の多寡によって，多額の商製品の在庫を重点的に管理する方法をいう。この点を次に例示する。

品目	数量(個)	比率(%)	単価(¥)	原価(¥)	比率(%)	
1	800	8	20^{00}	16,000	32.0	Aグループ
2	400	4	30^{00}	12,000	24.0	
3	1,600	16	4^{50}	7,200	14.4	Bグループ
4	1,400	14	5^{00}	7,000	14.0	
5	1,200	12	4^{00}	4,800	9.6	
6	2,000	20	1^{00}	2,000	4.0	Cグループ
7	1,600	16	0^{50}	800	1.6	
8	1,000	10	0^{20}	200	0.4	
計	10,000	100	5^{00}	50,000	100.0	

品目1・2をAグループ，品目3・4・5をBグループ，品目6・7・8をCグループとすれば，Aグループは数量的には12%と少ないが，金額的には56%と多額であるから，まずAグループについて在庫管理し，つづいて同様の主旨からBグループの在庫管理をし，この時点で数量的には54%と過半数を超

図表6－1　ABC分析の例

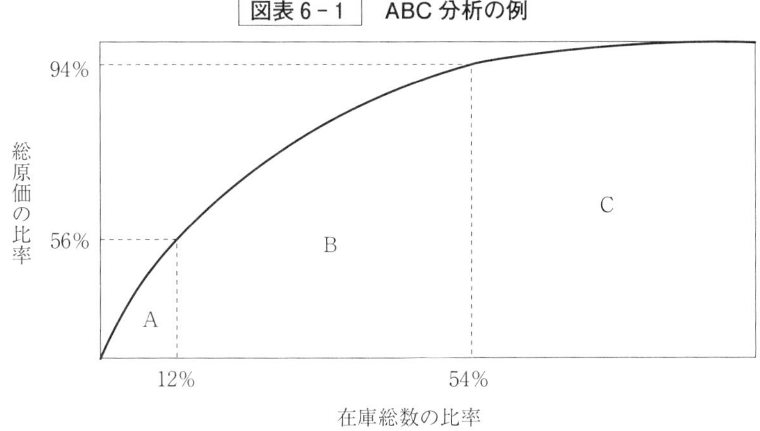

えた程度であるが，金額的には94％と多額になり，残りのＣグループの金額はわずか６％にすぎないので，もはやＣグループについては在庫管理をしてもあまり意味がない。したがって，Ａ・Ｂ両グループのみの在庫管理で十分であるといえる。

以上の事柄を図示すれば前頁の**図表６－１**のとおりである。

§２　経済的（最適）発注量の算定

商品を仕入れた結果，その商品が完売される場合には在庫管理の問題が生じないが，そのようなケースは注文生産（受注個別生産）のような場合を除いて，一般には見込み生産（市場生産）であるから，ありえないことである。そこで科学的在庫管理の方法が問題となる。

在庫管理に係わる費用としては，(ｲ)在庫を１回補充するのに要する費用である在庫発注費，(ﾛ)保険料・保管料・減価償却費・在庫品の形で倉庫に保管されている費用である資本費のような在庫維持費，(ﾊ)追加注文のために特別に必要な費用や顧客に不便をかけたための損失である品切れ費の３つがある。そこで１回当たりの発注数量を増加させれば，発注費および品切れ費は小さくなるが，在庫維持費は大きくなる。反対の場合も当然である。そこで，発注費・品切れ費と在庫維持費の合計額が最小となる発注数量を求めなければならない。この場合の発注数量が経済的（最適）発注量（EOQ, Economic Order Quantity）であり，次式によって求められる。

$$\mathrm{EOQ}=\sqrt{\frac{2FS}{C}}$$

（ただし，F……在庫１個当たりの在庫発注費用，S……１年間の在庫販売数量，C……在庫品１個を１年間在庫するのにかかる維持費

以上の事柄を図示すれば**図表６－２**のとおりである。

以上の事柄に関して，製品の追加製造の場合には，発注費の代わりに，生産ロットを変えるための準備費用である段取り費（たとえば，追加在庫注文のための注文書の作成費・機械の段取り費・生産開始に関する費用等）を用い，在庫維持

図表6－2　経済的（最適）発注量

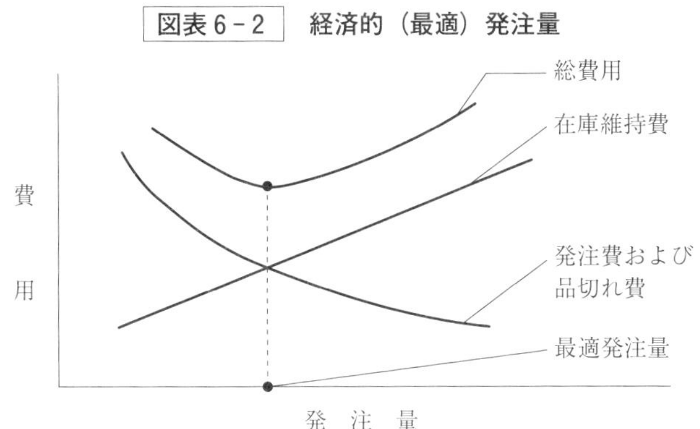

費と段取り費の合計額が最小となる発注数量を経済的ロット規模（ELS：Economic Lot Size）と表現し，次式によって求められる。

$$ELS = \sqrt{\frac{2AD}{iC} \times \frac{P}{P-A}}$$

（ただし，A……1年間の在庫使用数量，D……製造1回当たりの段取り費，C……1個当たりの在庫の製造原価，i……在庫の製造原価に対する在庫維持費の比率，P……1年間の製造可能数量）

§3　経済的発注時点分析

発注時点に着目して，発注時点を早めると，在庫維持費は増加するが，品切れ費は減少し，反対も当然である。そこで在庫維持費と品切れ費との合計額が最小となる発注時点を求めなければならないが，この点を経済的発注時点（ROP：Reorder Point）という。これを式で示せば次のとおりである。

$$ROP = \sqrt{\frac{A}{C+A}} \times (Q-U)$$

(ただし，C……１年間の在庫１個当たりの維持費，A……１年間の在庫１個当たりの品切れ費，Q……経済的発注量，U……在庫補充期間（在庫品を発注してから，手許に届くまでの期間）。

第３節　設備投資

§１　設備投資を行う際の考慮事項およびそのプロセス

本章の資本運用については，本節で取り上げる設備投資が中心である。期間的にみても一度投資をすれば長期間にわたって資金を拘束するし，金額的にみても多額であるからである。それだけに設備投資にあたっては種々の経済性計算を行う必要がある。しかし，単に経済性計算のみで設備投資案が決定されるのではなく，次のような事項を考慮した上で最終的に決定されることになる。㋑投資目的の明確化，㋺長期の需要予測，㋩資金計画，㊁採算性等が考慮される。なお資金計画については第５章ですでに取り上げた。そこで，設備投資を行う際のプロセスとしては次のとおりである。

①　投資案の案出
②　投資案の分析（具体的には投資案の分類・収支の見積もり）
③　投資案の評価・選択
④　投資案の実行
⑤　投資についての事後監査

このうち中心となる事柄は②と③であるが，この両者は関係があり，特に③が中心となる事柄である。そこでこの点に焦点をしぼり経済性計算を中心に考察する。

§2　設備投資の分類と評価

分類については，次の2つの視点から検討しなければならない。

①　経済的効果の発現方法による分類

これは次のように分類される。

⑴　**拡張投資・新製品投資**（新製品のための設備の新設）。このような投資は積極的に収益を増大させ，その結果，利益をもたらす投資である。

⑵　**取替投資**（古い設備に付加して投資する合理化投資・省力化投資を含む）。このような投資は積極的に収益を増大させるのではなく，費用を削減することによって，結果的に利益をもたらす投資である。

⑶　**戦略投資**（具体的には，福利厚生施設投資・公害防止投資・系列化投資・研究開発投資・製品組合わせ投資等）。このような投資は直接的には収益の増大にはつながらないけれども，間接的に利益をもたらす投資である。

以上のうち，⑴および⑵については，経済的効果が量的に把握可能であるが，⑶については経済的効果がすぐに現われないから，収益性以外の質的要素を考慮する必要がある。そこで⑴および⑵に焦点を合わせて検討する。

②　投資間の相互依存関係よりの分類

これは次のように分類される[1]。

⑴　**独立的投資**（Independent Investments）

これは経済的効果が他の投資案の採否によって影響されない投資である。したがって，その投資案のみについて採用か否かが問題となり，当該投資案のみの評価が対象となる。

⑵　**従属的投資**（Dependent Investment）

これは経済的効果が他の投資案の採否によって影響される投資である。したがって，当該投資案のみならず，他の投資案との比較によって採否を決めなければならない。そしてこの従属的投資は次の4つに細分される。

(a)　補完的投資（Complementary Investment）

これは他の投資案との補完によって，経済的効果を高める場合の投資である。

(b) 純粋補完的投資（Purely Complementary Investment）

これは補完的投資の極端なケースであって，他の投資案を採用してはじめてその投資案も採用可能となるような投資である。

(c) 代替的投資（Substitute Investment）

これは他の投資案の採用により，その投資案の経済的効果を弱めるような場合の投資である。

(d) 相互排他的投資（Mutually Investment）

これは代替的投資の極端なケースであって，ある投資案を採用すれば，他の投資案は自ずから不採用となるような場合の投資である。したがって，この場合には，投資案の順位付け（ランク付け）が問題となる。

以上種々な種類があるが，基本的には独立的投資と相互排他的投資とが問題であり，前者は単独の投資案の採否の決定，そして後者は複数の投資案の順位付け（ランク付け）に焦点がある。

§3　設備投資の経済性計算

§2で考察した設備投資の分類に従い，単独の投資案の採否の決定か，複数の投資案の順位付け（ランク付け）かを念頭において，設備投資の経済性計算の種々の手法について検討する。

経済性計算については種々の方法があるが，大別して，貨幣の時間価値（Time Value of Money）を考慮しない単純な方法と，貨幣の時間価値を考慮する高度な方法とがあり，そしてそのおのおのに種々の方法がある[2]。これらの方法を列挙すれば，次のとおりである。

(1) 貨幣の時間価値を考慮しない単純な方法

(イ) 投資回収期間法

(ロ) 単純会計法

① 原価比較法

② 利益比較法

　　③　投資利益額比較法
　　④　単純な投資利益率法
　　⑤　平均投資利益率法
(2)　貨幣の時間価値を考慮する高度な方法
　(ハ)　現在価値法（NPV 法，Net Present Value Method）
　(ニ)　内部利益率法（内部収益率法）（IRR 法，Internal Rate of Return Method）

なお，(ハ)と(ニ)を一緒にして，一般に割引キャッシュ・フロー法（DCF 法：Discount Cash Flow Method）という。

そこで以上の諸方法について例示により検討する。

まず(1)の貨幣の時間価値を考慮しない単純な方法であるが，これらの方法については，「本質的に，これらの測定値のすべては近似値にすぎず，大抵の場合，投資に対する経済的願望の概算を与えるにすぎず，時には誤解を招くことにもなるが，それにもかかわらず，これらの方法は広く使用されている」といわれている[3]。

(例)　A，B，C 3つの投資案を想定し，おのおのの資料は次のとおりである。

	A案	B案	C案
新設備の取得原価	¥10,000,000	¥20,000,000	¥30,000,000
残存価額	¥1,000,000	¥2,000,000	¥3,000,000
耐用年数	8年	10年	12年
年間キャッシュフロー	¥2,000,000	¥3,000,000	¥4,000,000

なお，残存価額は取得原価の10%とし，定額法にて減価償却する。また，キャッシュ・フローについては種々の概念があるが，ここでの投資決定のような場合には，税引後当期純利益＋減価償却費を意味すると概念付けられる[4]。

(イ) 投資回収期間法（Payback Method）

この方法は当初の支出がもどってくるのに必要な年数を計算し，早期に回収される投資が好ましいとする。これを式で示せば次のとおりである。

$$投資回収期間=\frac{総投資額}{年間キャッシュ・フロー回収額}$$

そこで例示のA・B・C各案について計算すれば（以下，￥は省略），次のとおりである。

$$A:\frac{10,000,000}{2,000,000}=5年$$

$$B:\frac{20,000,000}{3,000,000}≒6年$$

$$C:\frac{30,000,000}{4,000,000}≒7年$$

ゆえに，投下資本の回収という点からはA案が最も早く回収されるから，資金繰りという視点からは最も好ましい案と考えられる。しかし，問題は投下資本回収後，つまりこの例では5年目以降にも当然収益をもたらすにもかかわらず，この点を無視して判断している点である。すなわち，収益性の測定に関して問題である。いうまでもなく，財務管理は資本収益性と財務流動性の両方を考慮しなければならないから，この方法は財務流動性のみの視点であり，資本収益性の観点を無視している点に問題がある。したがって，この方法は投資案の順位付けについての1つの目安を示すにすぎず，この方法のみで最終判断を下すことは問題であるといえよう。

(ロ)① 原価比較法

この方法は単純に投下資本の取得原価を比較して，少ない金額の投資案が好ましいと判断するから，本例ではA案が最も好ましいと判断されることになる。しかし，単に投下資本が少ない投資案が好ましいとは限らない。投下資本を最小限に抑えることは好ましいことであるが，要は最小の投資で最大の利益を上げることが目的であるから，利益との関係を考慮していないこの方法は問題である。

(ロ)②　利益比較法

この方法は利益のみに着目して，利益の大きい投資案が最も好ましいと判断する方法である。そこで，キャッシュ・フロー＝減価償却費＋税引後当期純利益であるから，税引後当期純利益＝キャッシュ・フロー－減価償却費により計算すれば次のとおりである。

$$A:\frac{10,000,000-1,000,000}{8}=1,125,000$$
$$\therefore\quad 2,000,000-1,125,000=875,000$$
$$B:\frac{20,000,000-2,000,000}{10}=1,800,000$$
$$\therefore\quad 3,000,000-1,800,000=1,200,000$$
$$C:\frac{30,000,000-3,000,000}{12}=2,250,000$$
$$\therefore\quad 4,000,000-2,250,000=1,750,000$$

ゆえに，この方法によればＣ案が最も多くの利益を得ることとなり，最も好ましい投資案といえるであろう。しかし，この方法は利益のみに焦点を当て，その利益を生む元手である資本を考慮していないので，この方法によって投資案の順位付けを行うことは当然問題があるといえよう。この方法にしても前述の(ロ)①の原価比較法にしても，原価あるいは利益のいずれか一面しか取り上げていないので，判断基準としては不十分である。

(ロ)③　投資利益額比較法

この方法は投資収入額から投資額を控除した投資利益額により各投資案を比較する方法であるが，この場合，投資収入額としては，耐用年数期間中の全年度の税引後当期純利益と減価償却費との合計額，つまりキャッシュ・フローを意味する。そこで，各投資案について計算すれば次のとおりである。

A：2,000,000×８年－10,000,000＝ 6,000,000
B：3,000,000×10年－20,000,000＝10,000,000
C：4,000,000×12年－30,000,000＝18,000,000

この結果，C案が最も好ましい投資案であると判断され，(ロ)②と同じ結果と判定されるが，(ロ)②と同様の問題が含まれており，問題があるといえよう。

以上の(ロ)①・(ロ)②・(ロ)③のいずれも十分な評価方法とはいえず，単なる目安を示すにすぎない。

(ロ)④ 単純な投資利益率法（Simple Return on Investment）

この方法は上述の(ロ)①・(ロ)②・(ロ)③の方法の不十分さを克服した方法であり，元手である投下資本とその投資の結果である税引後当期純利益との比率によって比較する。これを式で示せば次のとおりである。

$$\text{投資利益率} = \frac{\text{純利益}}{\text{投下資本}} \times 100\%$$

そこで各投資案について計算すれば次のとおりである。

$$\text{A}：\frac{875,000}{10,000,000} \times 100\% = 8.75\%$$

$$\text{B}：\frac{1,200,000}{20,000,000} \times 100\% = 6\%$$

$$\text{C}：\frac{1,750,000}{30,000,000} \times 100\% \fallingdotseq 5.8\%$$

ゆえに，この方法ではA案が最も投資利益率が高いので，最も好ましい投資案であると判断されることになる。しかし，この方法はあくまで投資とその結果としての利益との関係によって評価する方法であるから，資本収益性という視点からは好ましい方法であるが，投資案を評価する際の他の1つの要素である期間を無視しているから，前述の(イ)の投資回収期間法とは反対の欠点をもっているといえよう。したがって，投資案の初期に対して1つの判断を与えるにすぎないといえるであろう。

(ロ)⑤ 平均投資利益率法（Average Return on Investment）

この方法は(ロ)④の単純な投資利益率法と基本的には同じであるが，投資額は逐次回収されるものであるから，年間を通しては全投資額が使用されるとは限らない。したがって，投資額は平均して全額の半分しか使用されないと考える方が合理的妥当性があると判断して，実務的には，この平均投資利益率法を採用すべきであろう。

そこで各投資案について計算すれば次のとおりである。

$$\text{A}：\frac{875,000}{5,000,000}\times 100\% = 17.5\%$$

$$\text{B}：\frac{1,200,000}{10,000,000}\times 100\% = 12\%$$

$$\text{C}：\frac{1,750,000}{15,000,000}\times 100\% \fallingdotseq 11.6\%$$

ゆえに，結果としては(ロ)④の場合と同じＡ案が最も好ましいと判断されることになる。

以上，貨幣の時間価値を考慮しない単純な方法について検討してきたが，財務管理は資本収益性と財務流動性の両方を考慮しなければならないから，結局のところ，投資回収期間法と投資利益率法との併用が好ましいといえるであろう。

ところで，貨幣の時間価値を考慮しない方法では，相互排他的投資の場合には，上述のような各案の比較が可能であるから，順位付けができるので，経済性計算としては妥当な投資案を求めることができる。しかし，独立的投資の場合には，ある投資案の採否の決定は，比較すべき標準値が明示されていないので，不可能であることは明白である。以上，貨幣の時間価値を考慮しない方法は種々の点で問題があるが，１つの目安としては，計算が簡単であるため実施することには意義があろう。しかし，より正確に，かつ独立的投資の場合にも相互排他的投資の場合にも適応可能であるのは貨幣の時間価値を考慮した高度な方法であるので，次にこの点について検討する。

(2)の貨幣の時間価値を考慮した高度な方法には，前述したとおり２つの方法があるので，この点について例示により検討する。そこでまず，貨幣の時間価値について考察すれば，「もし現在同額の貨幣を得る代わりに，その貨幣を獲得するのにある期間待たねばならないとすれば，今すぐ利用できる資金を獲得し，投資家の選択したリスクに応じた利益を得るためにその資金を投資するように選択することは明白である。待つということは失われた利益による機会原価を意味する。反対に，それゆえ，通常，その間に資金を使って利益を獲得するために機会は存在するのであるから，一般に，現在の支出とそれ以降のある時期の同額の支出との選択は支出を延期することである。他の表現をすれば，貨幣にはその収入あるいは支出のタイミングに直接関係して価値があり，この価値は通常の投資から利益を獲得する機会によって決定される。単純な例でこの点を示す。もし投資家が毎年５％の利子のある貯蓄勘定を利用するとすれば，今日投資した1,000ドルは１年後に1,050ドルになる（ただし，多くの銀行で実施しているように日々または月々の複利計算は無視する）。もし投資家が1,000ドル受け取るために１年待たされるとすれば，50ドル獲得する機会を失ったことになる。それゆえ，疑いもなく，１年後投資家に提供する1,000ドルの額は今日提供する同額よりも価値は小さい。特に，延期された1,000ドルは５％の収益力に関係があり，そして次のように1,000ドルの現在価値を計算することができる。現在価値＝＄1,000÷1.05＝＄952.38。明らかに，952.38ドルは年間５％で今日投資した額であり，今日から１年の終りには1,000ドルの価値がある。このように，トレード・オフは時の長さと利用可能な収益力によって決定される。さしあたりリスクを無視すれば，もし投資家が彼の所有している貨幣について５％の利益が得られるのが通常である場合には，１年後に1,000ドル引き渡されるという契約に対して952.38ドルを喜んで支払うであろう。同様に，収入または支出の期間を延期することは貨幣額の現在価値を減少することになる。それゆえ，今日５％で投資した額は５年後に1,000ドルになっているから，５年後に受け取る1,000ドルの額は今日では783.50ドルの価値があるにすぎない。この数字は次式から計算できる。＄1,000÷1.27628＝＄783.50であり，それゆえ，この数字は1,000ドルと５年間５％の複利価値との関係を示している。現在価値の計算は割引として示され，期間的利子収入，それはまた再び投資され，それに基づいて投資が成長していくが，このような場合に適用される普通の複利プロセスの逆にすぎない。この考え方によって，一度機会利益率が規定されれば，いつの収入あるいは支出の価値でも計算できる。複利や割引のプロセスを企業の投資分析に適用することに，最近より関心がもたれるようになったけれども，これらのプロセスは金銭貸付と同様に古く，昔から金融機関において用いられてきた。現在価値表を使えば，キャッシュ・フローを現在価値へ変形することはかなり容易なことである。一般的公式は次のようである。

$$現在価値係数 = 1 \div (1+i)^n$$

ここで i は適切な利子率（割引率）であり，n は割引期間の年数である。したがって，現在価値表を使えば，貨幣額の現在価値＝係数×金額によって求めることができる[5]。」。

つまり同額の貨幣，たとえば1,000円についても，今年の1,000円と１年先の1,000円とでは価値が違うということである。すなわち，価額は不変であるが，価値は変化するわけである。この点を考慮に入れて将来のキャッシュ・フローを計算する必要があるということである。

以上の貨幣の時間価値の理論をベースにして次例により考察する。

（例） 投資額は8,000,000円，毎年の回収額は2,000,000円，利子率（割引率・資本コスト率）[6]は10％，この投資は５年で回収する。

⑷　現在価値法

この方法は投資額と投資による収入額の現在価値[7]の合計額を比較して，前者が後者より多額の場合には，この投資案は採用すべきでないと判断され，反対の場合には採用すべきであると判断されることになる。そこで，前述の現在価値の計算式によって，５年間の各年の200万円の現在価値を計算すれば次のようである。ただし，実際には後掲の現在価値表によって簡単に求められる[8]。

１年後の¥2,000,000の現在価値は $\dfrac{1}{(1+0.1)} \times 2,000,000$
$= 1,818,000$

２年後の¥2,000,000の現在価値は $\dfrac{1}{(1+0.1)^2} \times 2,000,000$
$= 1,652,000$

$$3\text{年後の}¥2,000,000\text{の現在価値は}\quad \frac{1}{(1+0.1)^3}\times 2,000,000 = 1,502,000$$

$$4\text{年後の}¥2,000,000\text{の現在価値は}\quad \frac{1}{(1+0.1)^4}\times 2,000,000 = 1,366,000$$

$$5\text{年後の}¥2,000,000\text{の現在価値は}\quad \frac{1}{(1+0.1)^5}\times 2,000,000 = \underline{1,242,000}$$

合計　7,580,000

ゆえに，投資額は800万円で，回収額の合計は758万円であるから，42万円回収不可能と判断され，この投資案は採用すべきでないと判定される。ただ，単純に考えれば，毎年200万円ずつ回収されるから，５年間で合計1,000万円回収され，800万円の投資に対して，差額200万円プラスになり，この投資案は採用されるように考えられるが，この考え方は貨幣の時間価値を考慮していないので，合理的妥当性に欠けることになる。ここに貨幣の時間価値を考慮する必要性・意義があることになる。

なお，この方法は前述の独立的投資の採否の決定に際しては当然適用可能であり，また相互排他的投資の場合にも，投資額と投資による収入額の現在価値合計額の差額（これを純現在価値という）において，投資額の方が投資による収入の現在価値合計額よりも大きい場合には，その差額の少ない投資案が最も有利と判断され，反対に，投資額の方が投資による収入の現在価値合計額よりも小さい場合には，その差額の多い投資案が最も有利であると判断され，適用されることはいうまでもない。

㈡　内部利益率法（内部収益率法）

この方法は当初の投資額と，その投資による将来の収入額（キャッシュ・インフローの額）の現在価値とが等しくなるような割引率（利益率）を求める方法である。

すなわち，将来のキャッシュ・フロー額を R，年数を n，割引率（利益率）を r，投資額を C とすれば，次のとおりである。

$$\frac{R_1}{(1+r)^1}+\frac{R_2}{(1+r)^2}+\cdots\cdots+\frac{R_n}{(1+r)^n}-C=0$$

ゆえに，$\sum_{t=1}^{n}\frac{R_t}{(1+r)^t}-C=0$　となるようなr（割引率・利益率）を求めることになる。

この場合，R_1，R_2，……，R_nが同額の場合にはrは簡単に求められるが，Rの額は通常不規則であるから，試行錯誤で種々の率を代入しながら求めなければならず，コンピュータによれば問題ないが，手作業では困難である[9]。

そして，求められた率rが利子率（資本コスト率）を上回れば，この投資案は有利であるから採用可能であると判断されるし，反対の場合には，不採用と判断されることになる。このように独立的投資の場合には当然適用されるし，また相互排他的投資の場合の順位付けの場合には，内部利益率が大きい投資案が上位と順位付けられることになる。

前例に従って，この点を示せば，前例は毎年同額の200万円を回収するという例であるから，割引率は簡単に求められる。つまり，800万円÷200万円＝4.0。そこで，次表の現価係数表（ただし，ここでは本例に必要な部分のみを示し，詳細は後掲）より，５年で回収であるから，５年と4.0との組合わせをもたらす率を求めればr＝８％となる。したがって，利子率（資本コスト率）は10％であるから，この投資案は不利と判断され，不採用と判定される。

現価係数表

n ＼ r	6％	7％	8％
1	0.943	0.935	0.926
2	1.833	1.808	1.783
⋮	………	………	………
⋮	………	………	………
5	4.212	4.100	3.993

なお，以上の点を確認すれば次のとおりである。

年	金額（¥）	8％の場合の割引率	現在価値
1	200万	0.926	1,852,000
2	200万	0.857	1,714,000
3	200万	0.794	1,588,000
4	200万	0.735	1,470,000
5	200万	0.681	1,362,000
計			7,986,000

ゆえに，800万円の投資に対して，7,986,000円を回収したことが証明されることになる（両者の端数14,000円の誤差は約8％の利益率として求めたためであり，正確には7％と8％との間にあり，8％に近いから8％としたためである）。

なお，内部利益率法については，キャッシュ・フローのパターンが（－＋＋＋）のような場合には問題なく，計算可能であるが，しかし，特殊なケースとしてキャッシュ・フローのパターンが（＋－＋），（－＋－）あるいは（－＋－＋）のような場合には，内部利益率が求められなかったり，または複数の内部利益率が求められたりするので，有意な内部利益率が得られず，内部利益率法の適用が不可能となる。しかし，現在価値法の場合にはこのようなケースでも適用可能である。

以上の現在価値法と内部利益率法とを比較した場合，前者は「額」で，後者は「率」で求める点に相違があることになる。

しかし，現在価値法と内部利益率法とをより詳細に比較すると，独立的投資の場合の投資案の採否の決定に関しては，両方法とも同一の決定を下すから問題はないが（ただし，前述の典型的投資の場合に限るが），相互排他的投資の場合には，投資案の順位付けあるいはいずれか一方の採用の選択に関しては，両方法において異なった判定を下すことになる。このような問題点があるので，この点について検討する。このようなケースとしては次の2点が考えられる。

① 投資規模が異なる投資の場合の比較

② 将来のキャッシュ・フローのパターンが異なる投資の場合の比較

この点について，まず①の場合について例示によって検討する[10]。

(例)　２つの投資案Ａ・Ｂおのおのの投資額およびキャッシュ・フロー額は下記のとおりであり，その結果の現在価値および内部利益率は下記のとおりである。なお，資本コストは10%とする。

投資案	投資額	キャッシュ・フロー額		現在価値	内部利益率
		１年目	２年目		
Ａ	¥3,000	¥2,000	¥1,800	304.8	17%
Ｂ	¥1,000	¥800	¥600	222.8	27%
Ａ－Ｂ	¥2,000	¥1,200	¥1,200	82.0	13%

なお，現在価値の計算は次のとおりである（¥は省略)。

Ａ案については，１年目：2,000×0.909＝1,818
２年目：1,800×0.826＝1,486.8
∴1,818＋1,486.8＝3,304.8
3,304.8－3,000＝304.8
Ｂ案については，１年目：800×0.909＝727.2
２年目：600×0.826＝495.6
∴727.2＋495.6＝1,222.8
1,222.8－1,000＝222.8

また内部利益率の計算は次のとおりである（¥は省略)。

Ａ案については，17%とした場合，
１年目：2,000×0.855＝1,710
２年目：1,800×0.731＝1,315.8
∴1,710＋1,315.8＝3,025.8
となり，この3,025.8と3,000との差額は25.8となる。
18%とした場合，
１年目：2,000×0.847＝1,694
２年目：1,800×0.718＝1,292.4
∴1,694＋1,292.4＝2,986.4
となり，この2,986.4と3,000との差額は△13.6となる。

したがって，現在価値がゼロならしめる割引率は17%と18%との間にあり，17%の方が近いから17%となる（なお正確には補完法を用いれば小数点以下まで求められる)。

Ｂ案については，27％とした場合，

１年目：800×0.787＝629.6

２年目：600×0.620＝372

∴629.6＋372＝1,001.6

となり，この1,001.6と1,000との差額は1.6となる。

28％とした場合，

１年目：800×0.781＝624.8

２年目：600×0.610＝366

∴624.8＋366＝990.8

となり，この990.8と1,000との差額は△9.2となる。

したがって，前述と同様，27％と28％との間にあり，27％の方が近いから27％となる。

以上のように，Ａ・Ｂ両案とも採用可であるが，順位付けとしては現在価値法ではＡ案，内部利益率法ではＢ案が優位との結果となる。そこで，この両案の結果の不一致を解明するためには，両投資の差額である差額投資に着目する必要がある。差額投資とは大規模投資であるＡ案から小規模投資であるＢ案を控除したものであって，その差額投資案のキャッシュ・フローを計算し，前表に示してある。そこで，Ａ・Ｂ両案のうちいずれか一方を採用するという選択の場合には，差額投資Ａ－Ｂが価値をもっているか否かによって判断する。つまり，本例においては，現在価値法の場合82.0であるから正となり，また内部利益率法の場合13％[11]であるから資本コスト10％より大きいから，差額投資は価値をもっていることになる。したがって，差額投資を含む形でのＡ案を選択することになる。結局，両方法のうち現在価値法によって判断すべきであることがわかる。

次に②の場合について検討する。将来のキャッシュ・フローに関して，２つの投資案のうち一方が初期に多くのキャッシュ・フローを生み，他方が後期に多くのキャッシュ・フローを生むような場合，たとえ投資規模が同じであっても，現在価値法と内部利益率法とでは順位付けにおいて異なった判定を下すことがある。この点について例示により検討する。

(例)　投資案C・Dのおのおのの投資額およびキャッシュ・フロー額は下記のとおりであり，その結果の現在価値および内部利益率は下記のとおりである。なお，資本コストは10%とする（¥は省略）。

投資案	投資額	キャッシュ・フロー額			現在価値	内部利益率
		1年目	2年目	3年目		
C	1,000	100	500	1,000	254.9	20%
D	1,000	800	400	200	207.8	25%
C－D		－700	100	800	47.1	14%

（なお，計算プロセスは前述と同じ故省略する）

この場合，現在価値法ではC案が，そして内部利益率法ではD案が優位と判定され，両方法で順位付けが異なる。これは適用する割引率が高くなるほど，より将来のキャッシュ・フローの現在価値が小さくなるからである。つまり，C案の3年目の大きな¥1,000が20%以上の大きな割引率で割り引かれると，その現在価値は小さくなるからである。またこの場合にも，差額投資が価値をもつか否かが問題となる。差額投資の現在価値（－700×0.909＋100×0.826＋800×0.751＝47.1）および内部利益率は表に計算して示してあるが，現在価値は47.1で正であり，また内部利益率は14%[12]であるから資本コストの10%より大となり，差額投資は価値をもち，採用に値することになる。したがって，C案が採用されることになる。

以上，現在価値法と内部利益率法とを比較検討した結果，各企業には固有の資本コストがあるから，それを基準にして現在価値を求めて，順位付けを行うのが妥当であり，この点，内部利益率法は各企業の固有の資本コストを無視している点に問題がある。またすでに指摘したように，内部利益率法は内部利益率が求められない場合や複数の内部利益率が求められたりすることがあるから，一般には現在価値法の方がすぐれているといえる。ただ，使用資本に予算上の制約がある場合には，多数の投資候補について順位付けする場合，内部利益率法も有効な方法である。

<付 録>

現 価 表 $\frac{1}{(1+i)^n}$

$n \diagdown i$	1%	2%	3%	4%	5%	6%	7%	8%	9%	10%
1	0.990	0.980	0.971	0.962	0.952	0.943	0.935	0.926	0.917	0.909
2	0.980	0.961	0.943	0.925	0.907	0.890	0.873	0.857	0.842	0.826
3	0.971	0.942	0.915	0.889	0.864	0.840	0.816	0.794	0.772	0.751
4	0.961	0.924	0.888	0.855	0.823	0.792	0.763	0.735	0.708	0.683
5	0.951	0.906	0.863	0.822	0.784	0.747	0.713	0.681	0.650	0.621
6	0.942	0.888	0.837	0.790	0.746	0.705	0.666	0.630	0.596	0.564
7	0.933	0.871	0.813	0.760	0.711	0.665	0.623	0.583	0.547	0.513
8	0.923	0.853	0.789	0.731	0.677	0.627	0.582	0.540	0.502	0.467
9	0.914	0.837	0.766	0.703	0.645	0.592	0.544	0.500	0.460	0.424
10	0.905	0.820	0.744	0.676	0.614	0.558	0.508	0.463	0.422	0.386
11	0.896	0.804	0.722	0.650	0.585	0.527	0.475	0.429	0.388	0.350
12	0.887	0.788	0.701	0.625	0.557	0.497	0.444	0.397	0.356	0.319
13	0.879	0.773	0.681	0.601	0.530	0.469	0.415	0.368	0.326	0.290
14	0.870	0.758	0.661	0.577	0.505	0.442	0.388	0.340	0.299	0.263
15	0.861	0.743	0.642	0.555	0.481	0.417	0.362	0.315	0.275	0.239
16	0.853	0.728	0.623	0.534	0.458	0.394	0.339	0.292	0.252	0.218
17	0.844	0.714	0.605	0.513	0.436	0.371	0.317	0.270	0.231	0.198
18	0.836	0.700	0.587	0.494	0.416	0.350	0.296	0.250	0.212	0.180
19	0.828	0.686	0.570	0.475	0.396	0.331	0.277	0.232	0.194	0.164
20	0.820	0.673	0.554	0.456	0.377	0.312	0.258	0.215	0.178	0.149
25	0.780	0.610	0.478	0.375	0.295	0.233	0.184	0.146	0.116	0.092
30	0.742	0.552	0.412	0.308	0.231	0.174	0.131	0.099	0.075	0.057

$n \diagdown i$	11%	12%	13%	14%	15%	16%	17%	18%	19%	20%
1	0.901	0.893	0.885	0.877	0.870	0.862	0.855	0.847	0.840	0.833
2	0.812	0.797	0.783	0.769	0.756	0.743	0.731	0.718	0.706	0.694
3	0.731	0.712	0.693	0.675	0.658	0.641	0.624	0.609	0.593	0.579
4	0.659	0.636	0.613	0.592	0.572	0.552	0.534	0.516	0.499	0.482
5	0.593	0.567	0.543	0.519	0.497	0.476	0.456	0.437	0.419	0.402
6	0.535	0.507	0.480	0.456	0.432	0.410	0.390	0.370	0.352	0.335
7	0.482	0.452	0.425	0.400	0.376	0.354	0.333	0.314	0.296	0.279
8	0.434	0.404	0.376	0.351	0.327	0.305	0.285	0.266	0.249	0.233
9	0.391	0.361	0.333	0.308	0.284	0.263	0.243	0.225	0.209	0.194
10	0.352	0.322	0.295	0.270	0.247	0.227	0.208	0.191	0.176	0.162
11	0.317	0.287	0.261	0.237	0.215	0.195	0.178	0.162	0.148	0.135
12	0.286	0.257	0.231	0.208	0.187	0.168	0.152	0.137	0.124	0.112
13	0.258	0.229	0.204	0.182	0.163	0.145	0.130	0.116	0.104	0.093
14	0.232	0.205	0.181	0.160	0.141	0.125	0.111	0.099	0.088	0.078
15	0.209	0.183	0.160	0.140	0.123	0.108	0.095	0.084	0.074	0.065
16	0.188	0.163	0.141	0.123	0.107	0.093	0.081	0.071	0.062	0.054
17	0.170	0.146	0.125	0.108	0.093	0.080	0.069	0.060	0.052	0.045
18	0.153	0.130	0.111	0.095	0.081	0.069	0.059	0.051	0.044	0.038
19	0.138	0.116	0.098	0.083	0.070	0.060	0.051	0.043	0.037	0.031
20	0.124	0.104	0.087	0.073	0.061	0.051	0.043	0.037	0.031	0.026
25	0.074	0.059	0.047	0.038	0.030	0.024	0.020	0.016	0.013	0.010
30	0.044	0.033	0.026	0.020	0.015	0.012	0.009	0.007	0.005	0.004

$n \setminus i$	21%	22%	23%	24%	25%	26%	27%	28%	29%	30%
1	0.826	0.820	0.813	0.806	0.800	0.794	0.787	0.781	0.775	0.769
2	0.683	0.672	0.661	0.650	0.640	0.630	0.620	0.610	0.601	0.592
3	0.564	0.551	0.537	0.524	0.512	0.500	0.488	0.477	0.466	0.455
4	0.467	0.451	0.437	0.423	0.410	0.397	0.384	0.373	0.361	0.350
5	0.386	0.370	0.355	0.341	0.328	0.315	0.303	0.291	0.280	0.269
6	0.319	0.303	0.289	0.275	0.262	0.250	0.238	0.227	0.217	0.207
7	0.263	0.249	0.235	0.222	0.210	0.198	0.188	0.178	0.168	0.159
8	0.218	0.204	0.191	0.179	0.168	0.157	0.148	0.139	0.130	0.123
9	0.180	0.167	0.155	0.144	0.134	0.125	0.116	0.108	0.101	0.094
10	0.149	0.137	0.126	0.116	0.107	0.099	0.092	0.085	0.078	0.073
11	0.123	0.112	0.103	0.094	0.086	0.079	0.072	0.066	0.061	0.056
12	0.102	0.092	0.083	0.076	0.069	0.062	0.057	0.052	0.047	0.043
13	0.084	0.075	0.068	0.061	0.055	0.050	0.045	0.040	0.037	0.033
14	0.069	0.062	0.055	0.049	0.044	0.039	0.035	0.032	0.028	0.025
15	0.057	0.051	0.045	0.040	0.035	0.031	0.028	0.025	0.022	0.020
16	0.047	0.042	0.036	0.032	0.028	0.025	0.022	0.019	0.017	0.015
17	0.039	0.034	0.030	0.026	0.023	0.020	0.017	0.015	0.013	0.012
18	0.032	0.028	0.024	0.021	0.018	0.016	0.014	0.012	0.010	0.009
19	0.027	0.023	0.020	0.017	0.014	0.012	0.011	0.009	0.008	0.007
20	0.022	0.019	0.016	0.014	0.012	0.010	0.008	0.007	0.006	0.005
25	0.009	0.007	0.006	0.005	0.004	0.003	0.003	0.002	0.002	0.001
30	0.003	0.003	0.002	0.002	0.001	0.001	0.001	0.001	0.000	0.000

$n \setminus i$	32%	34%	36%	38%	40%	42%	44%	46%	48%	50%
1	0.758	0.746	0.735	0.725	0.714	0.704	0.694	0.685	0.676	0.667
2	0.574	0.557	0.541	0.525	0.510	0.496	0.482	0.469	0.457	0.444
3	0.435	0.416	0.398	0.381	0.364	0.349	0.335	0.321	0.308	0.296
4	0.329	0.310	0.292	0.276	0.260	0.246	0.233	0.220	0.208	0.198
5	0.250	0.231	0.215	0.200	0.186	0.173	0.162	0.151	0.141	0.132
6	0.189	0.173	0.158	0.145	0.133	0.122	0.112	0.103	0.095	0.088
7	0.143	0.129	0.116	0.105	0.095	0.086	0.078	0.071	0.064	0.059
8	0.108	0.096	0.085	0.076	0.068	0.060	0.054	0.048	0.043	0.039
9	0.082	0.072	0.063	0.055	0.048	0.043	0.038	0.033	0.029	0.026
10	0.062	0.054	0.046	0.040	0.035	0.030	0.026	0.023	0.020	0.017
11	0.047	0.040	0.034	0.029	0.025	0.021	0.018	0.016	0.013	0.012
12	0.036	0.030	0.025	0.021	0.018	0.015	0.013	0.011	0.009	0.008
13	0.027	0.022	0.018	0.015	0.013	0.010	0.009	0.007	0.006	0.005
14	0.021	0.017	0.014	0.011	0.009	0.007	0.006	0.005	0.004	0.003
15	0.016	0.012	0.010	0.008	0.006	0.005	0.004	0.003	0.003	0.002
16	0.012	0.009	0.007	0.006	0.005	0.004	0.003	0.002	0.002	0.002
17	0.009	0.007	0.005	0.004	0.003	0.003	0.002	0.002	0.001	0.001
18	0.007	0.005	0.004	0.003	0.002	0.002	0.001	0.001	0.001	0.001
19	0.005	0.004	0.003	0.002	0.002	0.001	0.001	0.001	0.001	0.000
20	0.004	0.003	0.002	0.002	0.001	0.001	0.001	0.001	0.000	0.000
25	0.001	0.001	0.000	0.000	0.000	0.000	0.000	0.000	0.000	0.000
30	0.000	0.000	0.000	0.000	0.000	0.000	0.000	0.000	0.000	0.000

年金現価表　$\sum_{t=1}^{n} \frac{1}{(1+i)^t} = \frac{1-(1+i)^{-n}}{i}$

$n \diagdown i$	1%	2%	3%	4%	5%	6%	7%	8%	9%	10%
1	0.990	0.980	0.971	0.962	0.952	0.943	0.935	0.926	0.917	0.909
2	1.970	1.942	1.913	1.886	1.859	1.833	1.808	1.783	1.759	1.736
3	2.941	2.884	2.829	2.775	2.723	2.673	2.624	2.577	2.531	2.487
4	3.902	3.808	3.717	3.630	3.546	3.465	3.387	3.312	3.240	3.170
5	4.853	4.713	4.580	4.452	4.329	4.212	4.100	3.993	3.890	3.791
6	5.795	5.601	5.417	5.242	5.076	4.917	4.767	4.623	4.486	4.355
7	6.728	6.472	6.230	6.002	5.786	5.582	5.389	206	5.033	4.868
8	7.652	7.325	7.020	6.733	6.463	6.210	5.971	5.747	5.535	5.335
9	8.566	8.162	7.786	7.435	7.108	6.802	6.515	6.247	5.995	5.759
10	9.471	8.983	8.530	8.111	7.722	7.360	7.024	8.710	6.418	6.145
11	10.368	9.787	9.253	8.760	8.306	7.887	7.499	7.139	6.805	6.495
12	11.255	10.575	9.954	9.385	8.863	8.384	7.943	7.536	7.161	6.814
13	12.134	11.348	10.635	9.986	9.394	8.853	8.358	7.904	7.487	7.103
14	13.004	12.106	11.296	10.563	9.899	9.295	8.745	8.244	7.786	7.367
15	13.865	12.849	11.938	11.118	10.380	9.712	9.108	8.559	8.061	7.606
16	14.718	13.578	12.561	11.652	10.838	10.106	9.447	8.851	8.313	7.825
17	15.562	14.292	13.166	12.166	11.274	10.477	9.763	9.122	8.544	8.024
18	16.398	14.992	13.754	12.659	11.690	10.828	10.059	9.372	8.756	8.204
19	17.226	15.678	14.324	13.134	12.085	11.158	10.336	9.604	8.950	8.362
20	18.046	16.351	14.877	13.590	12.462	11.470	10.594	9.818	9.129	8.511
25	22.023	19.523	17.413	15.622	14.094	12.783	11.654	10.675	9.823	9.077
30	25.808	22.396	19.600	17.292	15.372	13.765	12.409	11.258	10.274	9.427

$n \diagdown i$	11%	12%	13%	14%	15%	16%	17%	18%	19%	20%
1	0.901	0.893	0.885	0.877	0.870	0.862	0.855	0.847	0.840	0.833
2	1.713	1.690	1.668	1.647	1.626	1.605	1.585	1.566	1.547	1.528
3	2.444	2.402	2.361	2.322	2.283	2.246	2.210	2.174	2.140	2.106
4	3.102	3.037	2.974	2.914	2.855	2.798	2.743	2.690	2.639	2.589
5	3.696	3.605	3.517	3.433	3.352	3.274	3.199	3.127	3.058	2.991
6	4.231	4.111	3.998	3.889	3.784	3.685	3.589	3.498	3.410	3.326
7	4.712	4.564	4.423	4.288	4.160	4.039	3.922	3.812	3.706	3.605
8	5.146	4.968	4.799	4.639	4.487	4.344	4.207	4.078	3.954	3.837
9	5.537	5.328	5.132	4.946	4.772	4.607	4.451	4.303	4.163	4.031
10	5.889	5.650	5.426	5.216	5.019	4.833	4.659	4.494	4.339	4.192
11	6.207	5.938	5.687	5.453	5.234	5.029	4.836	4.656	4.486	4.327
12	6.492	6.194	5.918	5.660	5.421	5.197	4.988	4.793	4.611	4.439
13	6.750	6.424	6.122	5.842	5.583	5.342	5.118	4.910	4.715	4.533
14	6.982	6.628	6.302	6.002	5.724	5.468	5.229	5.008	4.802	4.611
15	7.191	6.811	6.462	6.142	5.847	5.575	5.324	5.092	4.876	4.675
16	7.379	6.974	6.604	6.265	5.954	5.668	5.405	5.162	4.938	4.730
17	7.549	7.120	6.729	6.373	6.047	5.749	5.475	5.222	4.990	4.775
18	7.702	7.250	6.840	6.467	6.128	5.818	5.534	5.273	5.033	4.812
19	7.839	7.366	6.938	6.550	6.198	5.877	5.584	5.316	5.070	4.843
20	7.963	7.469	7.025	6.623	6.259	5.929	5.628	5.353	5.101	4.870
25	8.422	7.843	7.330	6.873	6.464	6.097	5.766	5.467	5.195	4.948
30	8.694	8.055	7.496	7.003	6.566	6.177	5.829	5.517	5.235	4.979

n＼i	21%	22%	23%	24%	25%	26%	27%	28%	29%	30%
1	0.826	0.820	0.813	0.806	0.800	0.794	0.787	0.781	0.775	0.769
2	1.509	1.492	1.474	1.457	1.440	1.424	1.407	1.392	1.376	1.361
3	2.074	2.042	2.011	1.981	1.952	1.923	1.896	1.868	1.842	1.816
4	2.540	2.494	2.448	2.404	2.362	2.320	2.280	2.241	2.203	2.166
5	2.926	2.864	2.803	2.745	2.689	2.635	2.583	2.532	2.483	2.436
6	3.245	3.167	3.092	3.020	2.951	2.885	2.821	2.759	2.700	2.643
7	3.508	3.416	3.327	3.242	3.161	3.083	3.009	2.937	2.868	2.802
8	3.726	3.619	3.518	3.421	3.329	3.241	3.156	3.076	2.999	2.925
9	3.905	3.786	3.673	3.566	3.463	3.366	3.273	3.184	3.100	3.019
10	4.054	3.923	3.799	3.682	3.571	3.465	3.364	3.269	3.178	3.092
11	4.177	4.035	3.902	3.776	3.656	3.543	3.437	3.335	3.239	3.147
12	4.278	4.127	3.985	3.851	3.725	3.606	3.493	3.387	3.286	3.190
13	4.362	4.203	4.053	3.912	3.780	3.656	3.538	3.427	3.322	3.223
14	4.432	4.265	4.108	3.962	3.824	3.695	3.573	3.459	3.351	3.249
15	4.489	4.315	4.153	4.001	3.859	3.726	3.601	3.483	3.373	3.268
16	4.536	4.357	4.189	4.033	3.887	3.751	3.623	3.503	3.390	3.283
17	4.576	4.391	4.219	4.059	3.910	3.771	3.640	3.518	3.403	3.295
18	4.608	4.419	4.243	4.080	3.928	3.786	3.654	3.529	3.413	3.304
19	4.635	4.442	4.263	4.097	3.942	3.799	3.664	3.539	3.421	3.311
20	4.657	4.460	4.279	4.110	3.954	3.808	3.673	3.546	3.427	3.316
25	4.721	4.514	4.323	4.147	3.985	3.834	3.694	3.564	3.442	3.329
30	4.746	4.534	4.339	4.160	3.995	3.842	3.701	3.570	3.447	3.332

n＼i	32%	34%	36%	38%	40%	42%	44%	46%	48%	50%
1	0.758	0.746	0.735	0.725	0.714	0.704	0.694	0.685	0.676	0.667
2	1.331	1.303	1.276	1.250	1.224	1.200	1.177	1.154	1.132	1.111
3	1.766	1.719	1.673	1.630	1.589	1.549	1.512	1.475	1.441	1.407
4	2.096	2.029	1.966	1.906	1.849	1.795	1.744	1.695	1.649	1.605
5	2.345	2.260	2.181	2.106	2.035	1.969	1.906	1.846	1.790	1.737
6	2.534	2.433	2.339	2.251	2.168	2.091	2.018	1.949	1.885	1.824
7	2.677	2.562	2.455	2.355	2.263	2.176	2.096	2.020	1.949	1.883
8	2.786	2.658	2.540	2.432	2.331	2.237	2.150	2.069	1.993	1.922
9	2.868	2.730	2.603	2.487	2.379	2.280	2.187	2.102	2.022	1.948
10	2.930	2.784	2.649	2.527	2.414	2.310	2.213	1.125	2,042	1.965
11	2.978	2.824	2.683	2.555	2.438	2.331	2.232	2.140	2.055	1.977
12	3.013	2.853	2.708	2.576	2.456	2.346	2.244	2.151	2.064	1.985
13	3.040	2.876	2.727	2.592	2.469	2.356	2.253	2.158	2.071	1.990
14	3.061	2.892	2.740	2.603	2.478	2.363	2.259	2.163	2.075	1.993
15	3.076	2.905	2.750	2.611	2.484	2.369	2.263	2.166	2.078	1.995
16	3.088	2.914	2.757	2.616	2.489	2.372	2.266	2.169	2.079	1.997
17	3.097	2.921	2.763	2.621	2.492	2.375	2.268	2.170	2.081	1.998
18	3.104	2.926	2.767	2.624	2.494	2.377	2.270	2.172	2.082	1.999
19	3.109	2.930	2.770	2.626	2.496	2.378	2.271	2.172	2.082	1.999
20	3.113	2.933	2.772	2.627	2.497	2.379	2.271	2.173	2.083	1.999
25	3.122	2.939	2.777	2.631	2.499	2.381	2.272	2.174	2.083	2.000
30	3.124	2.941	2.778	2.631	2.500	2.381	2.273	2.174	2.083	2.000

●注

1　市村昭三・森昭夫編著『財務管理の基礎理論』同文舘，昭和63年，122-126頁を参考に著者なりに修正・解釈した。

2　この点についての詳細な例示による解説は，Erich A. Helfert, “Techniques of Financial Analysis—Fourth Edition—” Richard D. Irwin, Inc., 1977, pp. 123-160，および実方正昭・藤井則彦・後藤文彦共訳『財務分析のテクニック』ミネルヴァ書房，1979年，103-136頁参照。

3　Erich A. Helfert, *ibid*., p. 125および実方正昭・藤井則彦・後藤文彦共訳，前掲書，103頁。

4　キャッシュ・フローとは厳密にはキャッシュ・インフロー（Cash In Flow）とキャッシュ・アウトフロー（Cash Out Flow）との差額である正味キャッシュ・フロー（Net Cash Flow）を意味するから，具体的には，税引後当期利益と減価償却費の合計額から配当金を控除した金額となるが，一般には，税引後当期利益＋減価償却費と概念付けられている。

5　Erich A. Helfert, *ibid*., pp. 131-133および実方正昭・藤井則彦・後藤文彦共訳，前掲書，109-111頁。

6　資本コストについては第７章で詳述するので参照のこと。

7　現在価値とは未来価値を特定の利子率で割り引いて算定した現在時点の価値である。

8　現在価値表を使えば，現在価値係数（Present Value Interest Factor：PVIF）×毎年の回収額により，次のとおり簡単に計算される。

１年後の200万円の現在価値は0.909×2,000,000＝1,818,000
２年後の200万円の現在価値は0.826×2,000,000＝1,652,000
３年後の200万円の現在価値は0.751×2,000,000＝1,502,000
４年後の200万円の現在価値は0.683×2,000,000＝1,366,000
５年後の200万円の現在価値は0.621×2,000,000＝1,242,000

9　将来のキャッシュ・フローが毎年一定の場合，これを年金（Annuity）タイプというが，この場合には，$R\left(\sum_{t=1}^{n}\frac{1}{(1+r)^t}\right)-C=0$となり，また毎年一定のキャッシュ・フローが永久的に続く場合，これを永久年金タイプというが，この場合には，$\frac{R}{r}-C=0$と変形されることになる。なお，将来のキャッシュ・フローが一定でない場合には，初めに任意のある割引率を選んで現在価値を計算し，それと投資額とを比較して，前者が後者より大きい場合，すなわち，現在価値がプラスの場合には，割引率をより大きくして計算をやり直し，反対の場合には，割引率をより小さくしてやり直す。このような手続きを繰り返して，現在価値をゼロにする割引率，すなわち内部利益率を見つけることになり，このように試行錯誤によって内部利益率を求めなければならない。

10　市村昭三・森昭夫編著，前掲書，151-157頁を参考に著者なりに解釈した。

11　Ａ案とＢ案の現在価値曲線が交差する割引率として求められる。

12　注11と同様の方法で求められる。

第 7 章

資本調達

第5章では短期の財務流動性を問題にしたが，それに対して，本章では長期の財務流動性の問題を取り扱う。本章での資本調達と第6章の資本運用とはペアーで検討すべきである。つまり，企業では，資本運用という目的が先行し，その目的を達成するための手段として種々の資本調達を検討することになるからである。資本調達には必ず「資本コスト」という犠牲が発生するからである。このように，資本運用と資本調達は目的と手段の関係にある。

一般には，貸借対照表の貸方が資本調達形態を表わし，借方が資本運用形態を表わしているが，昨今，「資産の証券化」がクローズ・アップされており，借方も資本調達形態を表わしている，いわゆる「借方資本調達」も問題になってきている。

資本調達には種々の方法があるが，いずれの方法によっても必ず「資本コスト」が発生するから，各資本調達方法についてそれぞれの資本コストの計算を中心に説明する。資本調達の方法としては，種々な視点から分類できるが，外部源泉と内部源泉という分類に従って検討する。また資本コストとしては，コストが明示的に計算されうる場合と，そうでない場合があり，後者が特に検討の余地がある。各資本調達について検討した後，企業全体としての総合資本コストについて説明する。

次に，自己資本調達と他人資本調達という分類に従って，「ファイナンシャル・レバレッジ」について説明する。続いて，資本構成の問題として日本企業の自己資本充実策について検討する。さらに，配当および配当政策について，日本の株主に対する配当の現状を検討し，その改善策について説明する。いわゆる日本企業の株主軽視の問題についてである。

第1節　資本調達と資本運用との関連

本章においては長期財務流動性の問題として，資本調達の問題を取り扱うが，いうまでもなく，この資本調達の問題は第6章で取り上げている資本運用と一体として取り上げるべき事柄である。そこでまずこの点に注目して，本節では資本調達と資本運用との関連について考察する。

貸借対照表において，一般的にはその貸方側は資本調達形態を表わしており，他方，借方側は資本運用形態を表わしているが，前述のように両者は一体として捉えるべき内容である。つまり，資本運用という目的（たとえば設備投資等）があり，その目的を達成するために必要な資本（資金）をいかに調達するかという手段（たとえば借入金によるとか，増資するとか等）が論じられるべきである。すなわち，明確な資本（資金）の使用目的もなく，いたずらに資本調達をしても企業経営にとっては無意味である。なぜならば，資本調達に際しては，いかなる方法で資本調達をしても必ず資本コストがかかるから，資本コストを支払って，つまり犠牲を払って，目的もなく資本（資金）を調達することはナンセンスである（ただし，企業の創設時の場合においては，資本調達が先行されるから例外であり，また個人の場合には，貯蓄という概念により必ずしもこの限りではないが）。このように，資本調達と資本運用は手段と目的との相互関係として捉えるべきであると考える。

ただ，1980年代後半の日本におけるバブル経済時においては，上述の理論とは異なり，例外として次のような事態が生じた。本来の企業成長・発展・維持のための設備投資のような実物資産への資本運用を念頭におかないで，いたずらにエクイティ・ファイナンス（Equity Finance，増資・転換社債・ワラント債など新株発行を伴う資金調達）や銀行借入金等による資本調達を行い，その調達した資本（資金）を利用して金融資産投資として他の企業の株式を取得し，株式値上り益（Capital Gain）を享受したり，また投機目的のために土地投資へ向け，土地の値上り益により企業利益を計上した（いわゆる「財テク」と表現される）。これは当時，バブル経済により株式および土地等の一本調子の値上りにより，企業にとってはエクイティ・ファイナンスが容易に可能であったし，銀行等金融機関も容易に貸出しをしたためである。しかし，このような方法で企業が利益を計上することは，企業経営にとって長期的にみて正当な方法でないことは明白である。したがって，1990年代に入り，バブル経済の崩壊により，当該企業にとっても，貸し手側である銀行等金融機関にとっても，惨めな結果となったことはいうまでもない。つまり，当該企業にとっては大量の流通株式により株価の下落を招き[1]，銀行等金融機関にとっては不良債権の累積による経営圧迫の状態を生むこととなった[2]。

なお，このバブル経済期の状況を会計的にみれば，エクイティ・ファイナンスおよび銀行借入金等の資本調達による貸方側の負債・資本の増加と，金融資産投資および土地投機等の資本運用による資産の増加という，資産ならびに負債・資本の両建比率の増大を招く結果となったといえる。

このように，本来の資本調達と資本運用の相互関係を無視した，つまり手段と目的の相互関連性を無視した企業経営のあり方が，とんでもない結果を生むことになったわけであり，このような意味からも，手段と目的の相互関連性を考慮した資本調達と資本運用を念頭におくべきであり，資本調達と資本運用は一体であるべきであり，しかもどちらかといえば，資本運用という目的が優先されるべきであるといえよう。

第２節　資本調達の方法

貸借対照表の貸方側は企業の資本調達の形態を表わしており，それには種々の資本調達方法が考えられる。本書では伝統的な資本調達に限定して検討する。

企業は種々の資本調達方法の中から，その企業にとって有利な方法を選択・組み合わせることによって必要な資本を調達する。その際，種々の制約条件があり，それは企業外部の条件および企業内部の条件に分けることができる。前者としては企業がある調達方法を選択しようとしても，それが種々の制約条件により調達困難あるいは不可能である場合がある。たとえば，銀行借入金を選択しようとしても銀行側が拒否したり，または満足な金額を借り入れることができない場合がある。特に，中小企業において，あるいはまた平素銀行との付合いに乏しい場合等においては当然起こりうる。また増資という方法を選択しようとしても中小企業等においては事実上不可能であったりする。他方，後者としては資本コスト（Cost of Capital）の問題が考えられる。一般に，資本調達に際してはなんらかの犠牲を必ず伴う。この犠牲こそまさしく内部的制約条件であり，企業としてはこの資本コストを計算に入れて，少しでも資本コストの負担のかからない調達の選択・組合わせを考えなければならない。基本的には，資本調達によって営業活動を行い，その結果，収益が資本コストを上回ることが必要である。以上の制約条件のうち，前者はここでの検討課題ではなく，もっぱら後者に焦点をおいて資本調達のあり方について検討することとする[3]。

ところで，資本調達の方法については種々の視点から分類されうる。つまり，企業金融の視点からは，企業外部からの調達すなわち外部源泉（外部資本）と企業内部からの調達すなわち内部源泉（内部資本）とに分類されるが，ここではまずこの分類に従って検討する。次に，企業は株主のものであるという資本調達の帰属性の視点からは，自己資本と他人資本とに分類されるが，自己資本としては新株発行ならびに減価償却および諸引当金と留保利益等があり，他人資本としては借入金や社債の発行等が含まれる。なお，この点については後ほど検討することとする。さらに，金融構造の視点からは，直接金融と間接金融とに分類される。直接金融とは企業が証券市場を通して株式や社債を調達する方法であり，間接金融とは金融機関を通して調達する借入金等を指す[4]。

このように種々の調達方法に関する分類が考えられるが，ここではまず企業金融の視点からの分類に従って資本調達の方法を列挙すれば**図表7－1**のとおりである。そしてこれらのおのおのの方法について資本コストに焦点をおいて検討することとする。

第1節で指摘したように，一般的には，貸借対照表の貸方側は資本調達形態を表わし，他方，借方側は資本運用形態を表わしているが，図表7－1の資本調達方法の中で，資産売却という方法があげられている。しかし，いうまでもなく資産は借方側に表示されており，それを売却して資本調達するということは，借方側にも資本調達があるということになる。いわゆる「借方資本調達」ということである。このような例が昨今増加傾向にあるので，この点について検討する。これはいわゆる「資産の証券化」といわれる資本調達である。

図表7－1　企業金融からみた資本調達の方法

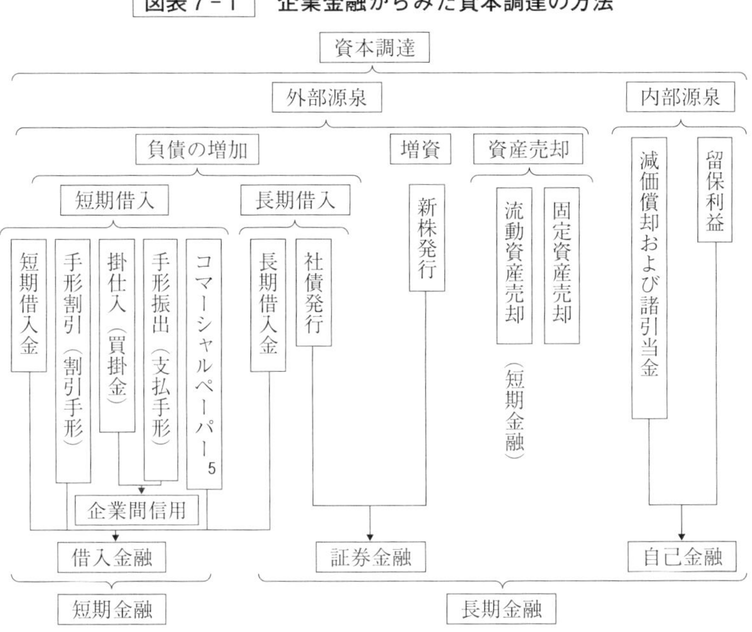

「資産の証券化」とは，事業会社や金融機関が，特定の資産の保有を目的とする別の事業体（これを特別目的事業体（Special Purpose Vehicle：SPV）といい，特別目的会社（Specific Purpose Company：SPC）や信託や組合等の形態がある）を設立して，そこに自ら保有する資産を移転し，その移転した資産が将来生み出すキャッシュ・フロー（金銭的収益）を原資として支払いを行う証券（金融商品）を発行し，売却する方法である。具体的には，たとえば，企業が所有している不動産を特別目的事業体に売却し，その上で，特別目的事業体はその不動産を証券化して，多数の投資家に分散して売却する（小口化）。そして特別目的事業体はその不動産のテナントからの賃貸料等を投資家に配当として支払う。このように，高額な資産を一括して購入する投資家は限られているから，証券化によって不特定多数の投資家にリスクを分散すれば，高額な資産の売却が可能となる。

このような資産の証券化は，企業の所有する不動産（固定資産）や売掛金（流動資産）を対象として行われるから，このような資産を所有する企業の貸借対照表からこれら証券化された資産が切り離されることになる。いわゆる「資産のオフバランス化」となり，企業本体のスリム化に役立ち，企業の財務体質の改善にとって有効となる。

以上のように，資産の所有者にとっては，資産を直接売却したと同様の売却益が入手できることになるから，資本調達（資金調達）の一種となることは明白である。またこの資産の証券化によって，資産の収益に関する不確実性を，資産所有者から証券化商品を購入する別の主体に移転する，いわゆる「リスク移転」の効果がある。

ところで，このような資産の証券化については次のような問題が生じる可能性がある。たとえば，不良債権を証券化してオフバランス化し，同時にその証券化金融商品の元本割れリスクの高い劣後部分を，もともとの資産所有企業が買い取った場合，不良債権は売却できたように見えるが，実態としては保有資産の質を一層低下させることになる。そこで，このよう事態を避けるために，もともとの資産所有企業が劣後部分を５％以上所有する場合には，売却とはみなさない，つまり，資産のオフバランス化は認めない。また企業が将来買い戻す約束をしているような条件付の証券化についても認めない。また証券化した後に，企業がテナントとして入居するリースバック方式については，適正な賃借料を支払っているという条件付で売却とみなすことになっている。

以上，要するに，資産の証券化の仕組みは，次の３段階から構成されることになる。①特定の資産を選定して証券化の対象とすること。②その証券化する資産をもともとの所有企業から分離すること。③資産そのものではなく，証券として売却すること。

企業にとっては不動産価額の下落に伴い，資産の圧縮が課題であり，他方，投資家にとっては低金利により新たな運用先を求めざるをえない。この両者のニーズの一致により，このような資産の証券化が盛んになるようになった。

この資産の証券化は，1970年に，アメリカの政府金融機関であるGNMA（Government National Mortgage Association）によって，住宅ローン債権について開発されたものであり，アメリカでは，1990年代に盛んに行われるようになった。日本の場合は，1993年の特定債権法（特定債権等に関する事業の規制に関する法律）の施行により始まり，1998年のSPC法（特定目的会社による特定資産の流動化に関する法律)，そして同年の債権譲渡特例法の施行ならびに2000年のSPC法の改正等により，法的に整備されるようになった。

以上の資産の証券化については次のような問題がネックになっている。特別目的事業体を連結の対象から外すことが可能であるため，財務諸表に内容が記載されない場合が多い。この点についての開示基準の統一が必要であり，また監査の強化が必要である。

この点は，アメリカのエネルギー会社であるエンロンの特別目的事業体を含む簿外取引による粉飾の結果の倒産をきっかけに，アメリカにおいても米証券取引委員会（SEC）も規制を強化しており，国際会計基準審議会も特別目的事業体を原則として連結対象とするようになった。日本の場合も同様である。

第3節　資本コスト

資本コストについての代表的提唱者はJoel Deanであり，彼は「資本コストとは，新株の発行にあたって，1株当たりの予想される株主にとっての見込み所得の比率である[6]。」と概念づけているが，しかし，資本コストの概念については，現在，統一した概念規定はないので，種々の視点から検討することとする[7]。

まず，企業の目的観により相違し，次の2つの考え方がある。1つは企業自体の立場からすれば，資本コストは資本調達によって失われる価値犠牲であると概念付けられ，このような考え方はドイツや日本での考え方である。他の1つは資本提供者である出資者の立場からすれば，資本に対する適正な報酬であると概念付けられ，このような考え方はアメリカやイギリスでの考え方である[8]。

また，N. A. A. の報告書によれば[9]資本コストは次の2つの立場より概念付けられる。1つは調達した資本に対して会社が支払わなければならない利益であるとし，これは「調達利率」(Borrowing Rate) とよばれるものである。つまり，資本が調達される時に資本コストが発生すると考えるわけである。他の1つは同じ危険を伴う他の選択的投資から得られる利率であるとし，これは「運用利率」(Lending Rate) とよばれるものである。すなわち，資本コストは他の種々な用途のうち，最も有利なものに振り向ける場合に稼得できる資本利益率であるとし，機会原価 (Opportunity Cost) 原理の考え方に基づいている[10]。つまり，資本コストは資本が投資等他に運用されてはじめて発生すると考えるわけである。

次に，James T. S. Porterfield は「資本コストについては，単一な定義を下すことは不可能である。各種の要素から構成されていると解せられている。その１つは明示的（または明白的）資本コスト (Explicit Costs of Capital) である。資本調達源泉を現金の流れ (Cash Flow) として把握し，資本源泉の明示的コストは，調達機会の採択によって追加的に発生する Cash In Flow の現在価値を追加的な Cash Out Flow の現在価値と等しくする割引率である。これは源泉に関連した将来の Cash Out Flow のすべての現在価値をその当初の Cash In Flow と等しくさせる割引率であり，いわゆる利回りを意味している。これに対して，非明示的（または暗黙的）資本コスト (Implicit Costs of Capital) が存在する。明示的資本コストというときは，問題である資金の使用について存在しうる他の機会を何ら考慮しなかった。しかし，非明示的資本コストを生ぜしめるのは，これらの他の機会である。したがって，非明示的資本コストは機会原価である。明示的資本コストは，資金の調達時に生じるのに対して，非明示的資本コストは，資金が投資または運用されるまでは生じない。なぜならば，後者は代替的な資金の運用を考慮するからである。この事実は資金源泉の如何にかかわらず，非明示的資本コストが存在することを意味している。留保利益のコストは機会原価として与えられるが，その他の資本形態のコストは通常，明示的資本コストについてのみ定義されているといった区別は不合理である。如何なる形態によって調達される資金も，ひとたびそれが投資されるときには，非明示的資本コストをもつ。したがって，ある意味においては，明示的資本コストもまた機会原価と考えられる。明示的資本コストはそれ未満では投資案が魅力的でないという最低限である。しかし，この最低限を超えれば，すべての投資は採用されるべきかといえば，必ずしもそうとは限らない。資金の特定の使途に含まれる非明示的資本コストを考慮することは大切なことである。」[11]と述べている。

そこで，前述のN. A. A.の報告書による考え方とこのJames T. S. Porterfieldの考え方とを整理すれば，「調達利率」が明示的資本コストであり，「運用利率」が非明示的資本コストであるといえよう。ところで，当初述べたJoel Deanは「調達利率」のみを資本コストとして主張し，「運用利率」は非現実的であるとして容認していない。しかし，以下，各種資金源泉の資本コストを検討すれば，自ずから「運用利率」も機会原価原理に従って容認せざるをえないであろう。

第4節　各種資本調達源泉の資本コスト

本節においては各種資本調達源泉の内容にふれながら，そのおのおのの資本コストについて検討する。なお，その際，第2節で掲げた資本調達の方法よりして，外部源泉と内部源泉とに分けて検討する。ただ，外部源泉についての内容に関しては，本来財務会計の領域に属するから，その内容の検討については最小限にとどめることとする。この点においても，資本調達方法の内容はむしろ会計（財務会計）に属し，その資本コストについては財務管理の範疇と考えられるから，財務管理と会計との有機的関係・接点・相違が明白である。

§1　外部源泉（External Sources）による資本調達

①　借入金（Debt）の資本コスト

短期ならびに長期借入金は比較的容易にかつ迅速に調達可能な資本調達方法であるが，前述のように，銀行等金融機関と平素から良好な関係がなければ調達も困難であるから，この点の留意が必要である。また逆に容易に調達し，借入超過による返済困難等資金繰りの悪化に陥らないよう心掛ける必要がある。

借入金に対する資本コストは，一般には支払利息により算定すればよいが，厳密には歩積・両建て預金のような拘束性預金が問題となるので，次式により算定されることになる。

$$\text{借入金の資本コスト}=\frac{\text{名目借入金額}\times\text{利率}\times\text{期間}-\text{拘束性預金の利息}}{\text{名目借入金額}-\text{天引利息}-\text{諸費用}-\text{拘束性預金}}$$

そして支払利息は税務上損金扱いとなるので，その分だけ税引後純利益が多くなり，キャッシュ・フローが大きくなるから，資本コストという視点からは有利な資本調達方法の１つといえよう（この点の具体例については，後に他の資本調達方法との関連で示す）。

②　手形割引（割引手形：Notes and Bills Discounted）の資本コスト

手形割引は，他から受け取った自己所有の手形を，その手形の満期日前に銀行等金融機関に割引きに出し，割引料（手数料）を差し引かれて，残額を現金化する方法であるから，短期の資本調達方法の一種である。したがって，手形割引の資本コストは割引料である支払手数料で算定されることになる。

③　企業間信用（Inter-Business Credit）の資本コスト

買掛金（Accounts Payable）や支払手形（Notes Payable）等は，仕入先との信用関係に基づいて，支払いを一時延期する商習慣による資本調達方法である。したがって，担保や金利は原則として不要であるが，それだけ割高な仕入価格となる可能性もある。また手形を乱発する可能性もあり，その結果資金繰りに支障をきたす危険性もある。このように，企業間信用は支払い代金を即座に支払わずに，一時延期することにより，その支払うべき資金をその期間他へ運用することも可能であるし，また逆に，即座に支払うとすれば他から資金を調達しなければならず，その分のコストが必要である等の点からして，前述の機会原価原理に基づいて，資本コストは発生すると考えられる。しかし，この場合の資本コストは恣意性が含まれているので，正確な算定は困難である。

④　社債（Bonds）の資本コスト

社債は次に取り上げる株式と同様，企業にとっては長期間運用できる資本（資金）であるから，固定資産の取得等長期資本投資に活用できる資本である。

しかし，反面その調達には種々の制約があり，たとえば，中小企業等では現実問題として利用困難であるし，また調達に際してその手続きに時間を要し，機動性に乏しいといえよう。

社債の資本コストの考え方ならびに算定については，次に取り上げる株式と比べれば，あまり重要な問題は提起されない。なぜならば，社債の価格の決定はかなり狭い範囲の要素に依存しているし，資本コストの見積りも慣習によって比較的正確に算定できるからである。したがって，利回りで算定すればよい。

⑤　優先株（Preferred Stock）の資本コスト

優先株はこれまで検討してきた種々の負債と，次に取り上げる普通株との中間の性格をもっているといえよう。つまり，優先株は普通株に比して，配当支払いに際して優先権があり，また残余財産の分配に際して優先権があるが，あくまで株式であることには変わりはない。しかし，優先株は議決権を有しない株式である場合が多い[12]。このように，株式の性格をもちながら，他方で負債的性格をもつことになるからである。

したがって，優先株の資本コストについては，配当率で算定すればよいが，ただ，上述のとおり株式であるから，優先株の配当は税務上損金扱いされない。つまり，税引後利益から配当しなければならないので，税額の金額分だけ資本コストが高くなることになる。この点は次に検討する普通株についても同様であり，負債による資本調達と株式による資本調達との資本コストについての大きな相違点であり，この点の例示は後に検討する。優先株の資本コストは次式によって算定されることになる。

$$\text{優先株の資本コスト}=\frac{\text{配当金}\div(1-\text{税率})}{\text{発行額}-\text{発行費用}}$$

⑥　普通株（Common Stock）の資本コスト

株式資本の性格およびその価格設定力が複雑であるから，普通株の資本コストの算定は，これまで検討してきた他の資本調達方法に比べて最も困難である。つまり，普通株の資本コストを直接測定することのできる要素はなに1つないので，次のような２つの考え方が考えられる。

(イ) 収益利回り説（収益株価率説）

この考え方によると，企業は出資者のものと考え，出資者の利益の極大化のために企業は運営されると考え，株主の資産価値は１株当たり利益を基準に決定されることになる。したがって，この場合の資本コストは新株主の払込金に対する分配額，すなわち価値犠牲と考える。つまり，新株主の払込みにより資本調達し，利益を獲得したが，その利益から新株主に配当として支払う分であると考える。アメリカではこの考え方が有力である。周知のように，アメリカは株主重視の立場を採り，いわゆる株主資本主義と考えられるから当然といえよう。そして，Joel Dean をはじめ J. F. Weston，R. Linsay & A. W. Samets らがこの考え方を主張している。したがって，この考え方によれば資本コストは次式により算定される。

$$普通株の資本コスト=\frac{1株当たり利益\times(1-税率)}{株価}$$

(ロ) 配当利回り説（配当株価率説）

この考え方によると，出資者は企業の獲得した収益には関与せず，配当のみが出資者の獲得分であると考え，株主の資産価値は１株当たりの配当金を基準に決定されることになる。したがって，この場合の資本コストは増資による手取額に対しての配当支払分と考える。アメリカでは，この考え方の主張者は H. Bierman & S. Smidt，James T. S. Porterfield 等少数にすぎない。しかし，日本の場合には，以前は額面発行増資が一般的であったし，また株式配当も行われる点から，この考え方が普及した。つまり，アメリカと比べて日本は株主軽視の立場を採り，金融機関主導型のいわゆる金融資本主義と考えられるから，この点が改善されない限り，基本的にはこの考え方が採用されるであろう。しかし，昨今は時価発行増資や中間発行増資が主流を占めるようになったし，また年功序列や終身雇用といった日本型経営が崩れつつあり，従業員重視の経営に変化がみられる。さらに金融機関においてもバブル経済崩壊による多額の不良債権による経営のゆきづまりにより，これまでの株主軽視に変化がみられるであろうから，必ずしもこの考え方はそぐわなくなりつつあるといえよう。なお，この考え方によれば資本コストは次式により算定される。

$$普通株の資本コスト=\frac{配当金\div(1-税率)}{発行額-発行費用}$$

これまで検討してきた種々の資本調達方法について，前にも若干触れたが，負債の場合には，その資本コストである支払利息や社債利息が営業外費用であるから，税務上損金扱いになるのに対して，株式の場合には，その資本コストである配当が利益処分項目であるから，税務上損金扱いにならない。その結果，負債による資本調達の方が株式による資本調達よりコストの面で有利であるといえるが，この点について次に例により示す。

(例) 100億円の新設備を計画するにあたって，その資本調達として次のＡ・Ｂ２つの案が考えられる。いずれの案が好ましいかを検討する。なお，税率（法人税・住民税・事業税）は30％とする。

Ａ案は全額新株発行による増資により資本調達し，株主には毎期10％の配当を支払う。

Ｂ案は全額銀行よりの借入金により資本調達し，銀行には毎期10％の利息を支払う。

（単位：億円）

	Ａ案	Ｂ案
売上高	500	500
諸費用（支払利息を除く）	480	480
利払前利益	20	20
支払利息	0	10
税引前利益	20	10
法人税・住民税・事業税	6	3
税引後利益	14	7
配当金	10	0
手許に残る利益	4	7

本例では，A案の場合には，借入金がないから支払利息はゼロであるが，その代わり100億円の増資に対して10％の配当金（10億円）を支払わなければならないから，結局手許に残る利益は４億円になってしまう。他方，B案の場合には，100億円の借入金に対して10％（10億円）の支払利息を支払わなければならないが，配当金が不要のため手許に７億円の利益が残ることになり，結局B案のように借金をした方が得になる[13]。

§２　内部源泉（Internal Resources）による資本調達

第２節で示したように内部源泉は減価償却（Depreciation）および諸引当金ならびに留保利益（Retained Earnings）からなるが，この点について**図表７－２**により詳細に検討する[14]。

図表７－２において，上部の収益・費用・利益の関係は発生主義の立場による会計的視点からのアプローチであり，下部の企業外部への支払・内部源泉の関係は財務管理的視点からの資金の流出という現金主義によるアプローチであり，会計と財務管理との接点が端的に表われているといえよう。そして企業外部への支払部分である各種の支払費用および配当金，法人税・住民税・事業税を除いた部分が内部源泉を構成することになる。しかし，そのうちの減価償却および諸引当金は，会計的には費用項目のうち現金支出なき費用といわれるものであり，あくまで費用項目である。これに対して留保利益は，会計的には利益処分項目である。このように，会計的には両者はアプローチが異なるが，財務管理の立場からは両者はともに企業内にとどまり，内部源泉を構成することになる。

このように，内部源泉は企業内部からの資本調達方法であり，いわゆる自己金融といわれるものである。そしてこの内部源泉はいうまでもなく返済不要の資金であり，支払利息や配当は不要であるから，企業にとって長期間利用できる資本調達方法の一種といえるが，自ずからその調達金額には限界があり，企業にもよるが，多額の調達は困難であるといえよう。しかし，この内部源泉の充実こそ企業にとって自己資本の充実のために必要であることはいうまでもない。

企業にとっての内部源泉の重要性については，Joel Dean も次のように述べ

図表７－２　内部源泉の構造図

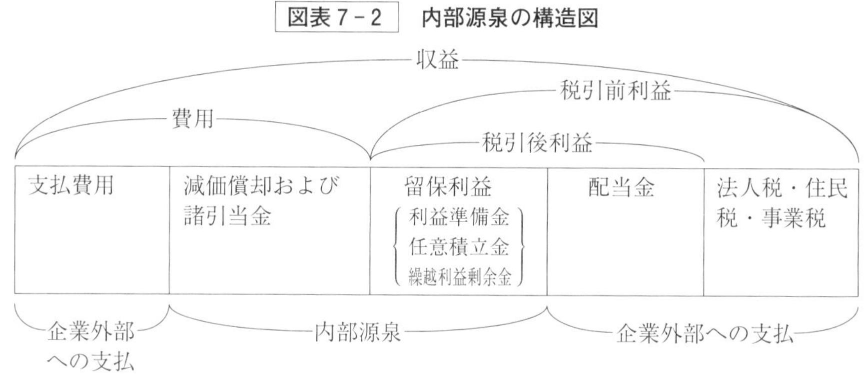

ている。「内部源泉に関して第１の管理的問題は，現金が内部でどれだけ生まれるかを予想し，そしてどれだけの現金が配当金に支払われるかを決めることである。近代企業では通常資本支出は内部源泉から引き出される。ある企業では，資本支出は内部で得られる量に完全に限定されている。このことは選択の問題であり，またある意味では，資本市場の条件あるいはまた企業の投資事情として必要な問題である。それ故，累積された減価償却量や留保利益から期待される量を計画することは，通常資本支出予算の最も重要な部分である。ある企業では，生み出される現金，そして配当金および流動準備金の準備のために，精密な５カ年計画をしているほどである。しかし，より一般的には，そのような見積もりは１年か２年に限定している[15]。」

そこで，次に各種内部源泉について検討するが，その資本コストについては後にまとめて検討する。

①　減価償却

減価償却の目的としては，期間損益計算の適正化と自己金融機能とが挙げられるが，前者は本来会計的視点からの目的であり，後者は本来財務管理的視点からの目的である。しかし，今日両者ともに会計においても，財務管理においても重要な目的となっている。しかしながら，ここでは本来の目的にかえって，財務管理の目的に即して，「減価償却の自己金融機能」について検討する。

減価償却の自己金融機能とは，固定資産原価を費用化し，その費用を収益

(売上高) によって回収するというプロセスを通して，固定資本に投下された資本を流動化する。つまり，固定資本価値を流動資本価値へ内部的価値移転する機能をいう。したがって，減価償却費を計上することによって，減価償却費は現金支出なき費用であるから，その分だけ税金および配当金等として社外へ流出する分が減少することになり，資本留保の効果を有することになる[16]。

② 諸引当金

引当金としては会計上種々の項目があるが，いずれにしても基本的には上述の減価償却と同様の考え方によって，引当金は内部源泉の一要素となる。つまり，引当金は将来の費用・損失のための準備であるから，将来，費用・損失が現実化するまでは現金支出がなく，社内に留保されることになる。ただ，引当金については，たとえば貸倒引当金・修繕引当金のような短期の引当金もあれば，特別修繕引当金・退職給付引当金のような比較的長期の引当金もあるので，内部源泉といえども，その運用という点からすれば，相違がある。またこの点に関連していえば，前述の減価償却は長期の内部源泉ということになる。

③ 留保利益

前述の内部源泉の構造図より明らかなように，留保利益の大きさは税引前利益の大きさ，税金・配当金等社外流出分の大きさに依存している。したがって，留保利益について検討するにあたっては，これらとの関係で検討しなければならない。

そこでまず税引前利益の大きさについては，企業経営者の意思決定に伴い，企業努力によって統制可能であるといえる。つまり，企業における目標利益の決定の問題であり，この点については第３章で取り上げたとおりである。

次に法人税・住民税・事業税といった税金の大きさについては，税率が確定していることから，その納付すべき総額については経営者の意思決定において統制不可能である[17]。

ここに留保利益と配当金との関係がクローズ・アップされることになる。一般的に考えれば，配当金を多くすれば，留保利益は少なくなり，その結果増資が容易になり，外部源泉の調達が容易となるが，反面内部源泉が小さくなる。

また反対に配当金を少なくすれば，留保利益は多くなるから，その結果増資は困難になり，外部源泉の調達が困難となるが，反面内部源泉は大きくなる。このように，いずれにしても配当金と留保利益は一方が大きくなれば，他方は小さくなり，一方にかたよることはなく，両者の兼ね合いが重要であるといえよう。

そこでこの両者の関係については，基本的には次の２つの考え方がある。１つは税引後利益－留保利益＝配当金という考え方であり，留保利益を優先して決定し，配当金は留保利益の残りであると考える，いわゆる残余配当金政策に基づく考え方である。この考え方の根拠は有利な投資機会がある限り，企業は配当を控えて，利益を再投資するために内部留保することこそ株価を高め，株主の利益を大きくさせるという点にあり，経済理論の考え方である。しかし，この考え方によると，有利な投資機会がある企業では，利益はすべて留保利益に回され，配当がまったくないという可能性もあり得る[18]。確かに留保利益が多いから再投資利益率が大きくなり，株価は上昇し，その結果，株主は配当以上のキャピタル・ゲインを獲得する可能性はある。したがって，高度経済成長時あるいはバブル経済のような時代においては，株価も上昇する結果，株主は配当よりもキャピタル・ゲインに関心があるから，この考え方は支持されるであろう。

もう１つの考え方は，税引後利益－配当＝留保利益という考え方であり，配当優先の考え方である。低成長・安定成長時代には高株価は期待できず，株主はむしろ配当に関心があるから，この考え方が支持されるであろう。

結局，株主の主要な関心事が配当にあるのか，あるいはキャピタル・ゲインにあるのかによるが，通常，株主はどちらか一方にかたよらず，両者のバランスを尊重するであろうから，この２つの考え方の一方にかたよることはないであろう。

なお，ここでは内部源泉の１つとして留保利益に焦点をおいて検討してきたが，配当に関しては第８節で取り上げることとする。

最後に，これらの内部源泉は一般に自己金融ともよばれるが，この点については岡村正人教授が次のように述べている。「自己金融が高度に展開するようになったのは独占資本主義の段階に入ってからであると考えられる。なぜならば，高度の自己金融は，当然に高利潤を前提として要求するが，その要求は独占によって容易に実現されるのである。すなわち，独占企業は，企業利潤の増大における容易性と確実性とをもたらし，自己金融の源泉を豊かにし，またその前提を強化しうるのである。もちろん，独占資本主義の段階でも，中小企業の部面では，自己金融という内部的資本形成は決して容易なことではない。いや，むしろ，中小企業は，資本主義が産業資本主義から独占資本主義へと発展するにつれて，その経営的苦悩を濃化し，自己金融をますます困難とするのである。つまり，高度の自己金融は，独占企業においてのみうかがわれるのである。また，その点に，自己金融の歴史性・社会性が求められるわけである。事実，アメリカおよびドイツなどでは，企業が独占体として発展する段階に入ってから，自己金融が株式会社金融においてきわめて重要な役割を演じている[19]。」

次に内部源泉の資本コストについて検討する。第3節で検討したように，機会原価原理に従って内部源泉の資本コストを肯定する立場と，機会原価原理を否定し，内部源泉の資本コストを容認しない立場とがある。前者の肯定説は留保された利益を企業自身の自己金融として使用する代わりに，他へ投資することによって利益を得ることができるし，あるいはまた留保された利益がなければ，他の方法によって資本を調達しなければならず，その場合当然資本コストを負担しなければならないから，機会原価原理に基づいて資本コストの存在を認めるという立場である。他方，後者の否定説は，機会原価原理は恣意的であり，不正確であるとして認めず，また支出を要しないのに費用とするのは不合理であるとして資本コストの存在を認めないという立場である。

このように肯定・否定の両説があるが，しかし，後者の否定説の根拠のうち機会原価原理が恣意的であり，不正確であるから資本コストの算定に問題があることは理解できても，それをもって資本コストの存在そのものを否定する根拠にはならない。また支出を要しないのに費用とするのは不合理であるという点については，費用は必ずしも支出を要するとは限らないことは減価償却の例をみれば明らかであるから，資本コストを否定する根拠とはならない。この点が発生主義をベースにした会計と現金主義をベースにした財務管理との相違でもある。したがって，一般には内部源泉の資本コストの存在は肯定される立場が採られる。要は恣意的で不正確といわれる資本コストをいかに算定するかであるが，この点については次節で検討することとする。

第５節　総合資本コスト

これまで検討してきた各種資本調達源泉を組み合わせることによって，企業は資本調達を行う。そこで企業全体の総合資本コストについて例示により検討する。

（例）　資本調達源泉の種類と各源泉の資本コストは下記のとおりである。

（単位：億円）

源泉	金額	構成比率	資本コスト
内部源泉	100	10%	10%
借入金	500	50	10
社債	200	20	15
普通株	200	20	20
合計	1,000	100	

なお，内部源泉の資本コストについては，前節で検討したように正確な金額は算定できないが，日本の場合，これまで借入金による資本調達が中心であった（俗にいう借金経営）ことから，ここでは借入金と同じ資本コストを想定することとする。しかし，この点についてはなお検討の余地があるので，若干この点について検討する。まず減価償却の資本コストについては，仮に減価償却分を減少させれば，その減少分は株主および債権者に分配されることになる。したがって，資本構成に変化がないとすれば，前述の普通株の資本コストと負債コストの加重平均コストに等しくなると考えられる。次に，留保利益の資本コストについては，前述のように留保利益は株主への配当との関係からして，株主への配当分を留保利益としたことになるから，普通株の資本コストに等しいと考えられる。ただし，調達のためのコストが不要であるから，この分を差し引く必要があるので若干安くなることはいうまでもない。このような理由から，アメリカ等ではむしろ内部源泉の資本コストは普通株と同じ資本コストと

して算定する傾向がある。

総合資本コストを算定する場合，加重平均資本コストおよび限界資本コストの２つの考え方がある。そこでまず加重平均資本コストから検討すれば，内部源泉については100億円×10％＝10億円，以下同様に借入金については500億円×10％＝50億円，社債については200億円×15％＝30億円，普通株については200億円×20％＝40億円となり，これらを合計すると130億円となり，よって130億円÷1,000億円×100％＝13％となる[20]。

次に，限界資本コストについて検討する。個々の源泉別資本コストの間に相対的差異を認める考え方であり，最初に最も資本コストの安い限界コストを考えて調達する。つまり，本例では100億円～600億円の範囲での資本調達では内部源泉と借入金のみで調達し，資本コストは10％であるが，600億円を少しでも超えて調達する必要のある場合には，800億円までならば資本コストは15％となり，さらに800億円を少しでも超えて調達する必要のある場合には，20％の資本コストとなる。この点からして，企業としては資本運用（投資）を再検討することによって，できれば600億円以内の範囲での資本運用で押さえることができれば，資本コストは10％と低く押さえることができる。つまり，資本運用との兼ね合いによって検討することになる。

このように２つの考え方があるが，理論的には限界資本コストによるべきであるが，実際問題としては，困難であるから，まず加重平均資本コストを算定し，その上で不確実性やリスクを加味して限界資本コストを決定することになる[21]。

第６節　ファイナンシャル・レバレッジ（Financial Leverage）—自己資本調達と他人資本調達との関係—

第２節でふれたように，資本調達の方法については種々の視点から分類できるが，これまでは企業金融の視点から内部源泉と外部源泉とに分類するという視点に立ち検討してきた。そこで本節では視点を変えて，資本調達の帰属性の視点に立ち，自己資本と他人資本とに分類して，自己資本調達と他人資本調達との関係について検討する。

まず最初に，これまで検討してきた企業金融の視点からの分類と，これから検討する資本調達の帰属性の視点からの分類とにおける，おのおのの資本調達の関係について検討すると次のとおりになるであろう。すなわち，内部源泉に属する減価償却および諸引当金と留保利益ならびに外部源泉に属する新株発行（増資）が自己資本に属することになる。他方，外部源泉に属する負債（具体的には短期借入金・割引手形・買掛金・支払手形・コマーシャルペーパー・長期借入金・社債）が他人資本に属することになる。

経営者が総資本利益率を増加させることは不可能であるが，自己資本利益率を増加させたいと考えるときには，財務過程において，他人資本あるいは債務資本（Debt Capital）を利用することがその１つの方法となりうる。このように，自己資本利益率を増加させるために，他人資本を利用する（Trading on the Equity）過程をファイナンシャル・レバレッジという。これは他人資本に対する支払利子よりも当該資金の運用により生じる利益の方が多い場合，その差額（つまり，支払利子と利益）が利潤となるから，企業の自己資本利益率を高めることができるわけである。したがって，一般に利子率が低いほどTrading on the Equityの利益は相対的に大きくなる。つまり，レバレッジとは他人資本をテコにして，自己資本利益率を押し上げる作用をいう。

ただし，次のような条件のある場合にのみ可能である。

① 継続的に利子を支払うに十分であるばかりでなく，長期にわたって利子率よりも高い利益率が示されるような安定的な利益が発生すること。
② 元本の返済が企業の資金計画，特に資金繰りの点からみて支障のないように計画的に行われていること。

そこで具体例によって検討する。

次のようなＡ・Ｂ・Ｃ・Ｄ４つの企業を想定し，各企業の貸借対照表は下記のとおりであるとする[22]。

つまり，Ａ企業は全額自己資本であり，Ｂ企業は自己資本と他人資本の割合が１：１であり，Ｃ企業はその割合が１：２であり，Ｄ企業はその割合が１：

3のように，段々と他人資本の割合が多くなっている（なお，自己資本と他人資本の割合を明確に示したいため，端数の例になっている）。

A

資　産	1,000	自己資本	1,000

B

資　産	1,000	他人資本	500
		自己資本	500
	1,000		1,000

C

資　産	1,000	他人資本	$666\frac{2}{3}$
		自己資本	$333\frac{1}{3}$
	1,000		1,000

D

資　産	1,000	他人資本	750
		自己資本	250
	1,000		1,000

そこで，各企業の自己資本利益率を算定すると下記のとおりである。ただし，次のような仮定をおく。

① 各企業の資産内容（収益力）は等しい。

② 資産収益力を営業利益と総資産との相対比（営業利益÷総資産）で表わし，景気変動の影響により，好況時には15%，不況時には３％とする。

③ 他人資本の利子率はすべて６％とする。

項目＼企業	A		B		C		D	
	好況時	不況時	好況時	不況時	好況時	不況時	好況時	不況時
営業利益	150	30	150	30	150	30	150	30
支払利息	0	0	30	30	40	40	45	45
純利益	150	30	120	0	110	−10	105	−15
自己資本利益率	15%	3%	24%	0%	33%	−3%	42%	−6%

以上より，自己資本利益率は好況時にはＤ＞Ｃ＞Ｂ＞Ａとなり，反対に不況時にはＤ＜Ｃ＜Ｂ＜Ａとなる。したがって，レバレッジは好況時には自己資本に有利に作用するが，反対に不況時には不利に作用するから，レバレッジは高度経済成長時には有効であるが，低成長時には有効ではないといえよう。

次に，各企業の収益性の尺度となる期待値と，リスクの尺度となる標準偏差を算定すると次のとおりである。ただし，好況および不況の確率を0.5と仮定する。

A企業の期待値　(0.5×15%)＋(0.5×３%)＝９%

A企業の標準偏差　$\sqrt[2]{0.5(15\%-9\%)^2+0.5(3\%-9\%)^2}=6\%$

同様にしてB・C・D企業の期待値と標準偏差を求めれば次のとおりである。

項目＼企業	A	B	C	D
期待値	9%	12%	15%	18%
標準偏差	6%	12%	18%	24%

以上により，他人資本の増加は収益性を増加させる反面，それ以上のリスクを高めることになる。つまり，一般にいわれるHigh-Risk & High-Returnであるから，この点を考慮して企業は他人資本の利用を考えるべきである。

以上のように経済状況の変動を考慮して，他人資本の利用を考えるべきではあるが，しかし，企業経営者は一般に他人資本の利用には消極的態度をとる傾向がある。この理由としては，他人資本の利用によって，貸借対照表の表面を汚すことになり，企業の信用の低下に結びつくと考えるからであろう。また企業経営者は一般に保守主義的傾向があり，他人資本の増加による種々のリスクを懸念するからであろうと考えられる。

しかしながら，昨今の日本ではデフレ経済が長く続き，そのため日本銀行は金融政策として低金利政策を実施，その結果，企業は市中銀行から低金利で融資を受け，事業を発展させるようになり，これまでのような他人資本の利用に対するアレルギーはなくなりつつある。

第７節　資本構成─自己資本充実策─

§１　資本構成についての考え方

以上，各種資本調達方法について資本コストとの関連で検討してきたが，企業にとって「望ましい・適切な・妥当な資本構成」なるものが存在するであろうか。そして存在するとすれば，それは一体どのような状態を意味するのであろうか。つまり，「最適資本構成」に関する問題である。

資本構成問題に関しての理論的アプローチとしては，①実体的（Physical）あるいは技術的資本構成論といわれる，資本需要と資本調達との実体的な金額的・時間的適合関係の維持を問題とするアプローチ，および②実質的資本構成論といわれる，資本運用の収益性と資本調達のコストとの実質的適合関係の維持を問題とするアプローチとがあり，前者としては具体的には各種比率分析を内容とするが，この点については第2章ですでに取り上げた。また，後者としてはR. Lindsay & A. W. Sametz, J. F. Weston, E. Solomon 等に代表される加重平均資本コスト最低化という伝統的な最適資本構成論や，資本構成の如何にかかわらず，加重平均資本コストは一定であり，最適資本構成は存在しないという，いわば第6節で取り上げたファイナンシャル・レバレッジに通じる考え方であるMM（F. Modigliani & M. H. Miller）の資本構成無関係論等を内容としている[23]。また，資本構成については理論と実務（実際）との関連で種々議論されているが，本書では，このうち伝統的な最適資本構成論である，企業全体の加重平均資本コストを最低にするような資本構成をもって最適と考える。しかし，実務的には，株価をできるだけ高くするような資本構成に焦点をあてているのが実情であろうと考えられる。

そこで，「望ましい・適切な・妥当な資本構成」とはM & A（Merger & Acquisition：企業の合併・買収）等を考慮して，企業の存続・維持といった安定性の観点からみれば，一般には自己資本が総資本の50%以上を占めていることを意味すると考えられる。ただ，反面，これまで検討してきたようにファイナンシャル・レバレッジを考えても，必ずしも一概にはそのようにはいえない面もあるし，これまで再三触れてきたように，日本のように「借金経営」といわれてきた点を考え合わせるとなおのことであろう。確かに，他人資本が50%以上占めている方が，企業にとって却って安全であると思われるケースも過去にはあったことは事実である。たとえば，高度経済成長時の1964年に某石油関連の企業が多額の負債を抱え，倒産寸前のとき，当時はメインバンク制であったので，当企業の融資先である某大手金融機関が大きな打撃を受け，危機に直面したので，その金融機関を助けるために日本政府は某石油企業の倒産を助けた。まさしく他人資本である多額の負債のために倒産を免れたわけである。そのような理論を提唱する人もいるが，しかし，そうはいっても，一般的にはやはり自己資本が50％以上であることが，安全面からいっても好ましい，望ましいと考えられるので，本書では，この視点に立ち，したがって，自己資本比率の低下は資本構成の悪化であるという立場に立ち，資本構成については自己資本充実策という視点から検討することとする。

§2　日本企業の自己資本比率の推移と戦後の自己資本比率の低下の原因

戦前は自己資本比率が概ね50％を超えていたが，戦後は30％を割るようになり，1985年頃から1997年頃までは20％前後で推移していたが，その後は上昇をつづけ，2017年には概ね43％まで回復してきた[24]。

このように，戦前に比べて戦後，自己資本比率が低下した原因は種々考えられるが，その中でも特に次の諸点が大きな原因であると考えられよう。

① 第4節で取り上げたように，資本コストの点で，他人資本コストは税法上損金算入が認められるのに対して，自己資本コストは損金不算入であり，配当金等については利益処分項目として課税対象であるため，コストの面で，企業としてはいきおい他人資本の利用に眼を向けざるをえなくなったこと。しかしながら，この点については，配当損金算入方式を実施すれば，必ず資本構成が是正されるとは限らない[25]。

② 日本の高度経済成長に伴い，企業の成長率が高く，設備投資をはじめとした資金需要に対して，内部蓄積のみでは資金をまかないきれず，いきおい銀行借入金等の他人資本調達に依存せざるをえなくなったこと。そしてバブル経済へと突入し，その結果はいうまでもない状況になった次第である。

③ 株式発行に際しては種々の法的制約があり，そのため株式発行は容易ではなく，その結果，比較的容易に調達可能な銀行借入金等他人資本に依存せざるをえなくなったこと。つまりは株式市場の発達の遅れといえよう。

§3　資本構成是正策―自己資本充実策―

そこで，望ましい・適切な・妥当な資本構成，つまり，自己資本充実策について検討しなければならない。この点については現況の打開策と今後の具体的方策とに分けて検討することとする。まず現状の打開策としては次のような諸点があげられよう。

① 現況の打開策

(イ) 短期債務，特に企業間信用の縮小

企業間信用については，特に日本の場合，商習慣としてある程度やむをえないかもしれないが，支払期限に応じて金利をとるなどの方法が必要であろう。

(ロ) 余分な固定資産の処分

バブル経済時に，銀行等金融機関より借金してまでも余分な固定資産（特に土地）投資をした企業は，現在，バブル経済崩壊により悲惨な状態になっていることは周知のとおりであるが，しかし，とにかく，ある程度の損失は覚悟の上で余分な固定資産を処分し，それによって借金を返済し，企業自体が身軽になる必要があろう[26]。

(ハ) 企業経営者の「借金経営」という考え方に対する反省と自覚

先にも少しふれたが，確かに他人資本の利用が却って企業にとって有利であるケースもあることは事実であるが，しかし，本来，「借金は返済すべきもの」であるから，いたずらに他人資本に頼るという企業経営者の姿勢を改める必要がある。まして現在のような低成長においては，企業は拡大・拡張よりも堅実経営という視点に立ち，他人資本への依存については再考する必要があろう。

② 今後の具体的方策

(イ) 優先株等種類株の発行

会社法においては，議決権の全部または一部について，株主総会での行使を制限する，議決権行使の範囲や内容に差のある種々の株式，いわゆる「種類株」[27]の発行が解禁になった。

第４節でふれた優先株もその１つである。優先株は社債と普通株との中間的性格をもっているが，配当が損金不算入という点では普通株と同じであり，コスト面では不利な資本調達である。しかし，優先株は無議決権株の発行が可能であるから，既存株主の議決権を薄めないので，普通株とは性格が異なるといえる。現在のような低成長下では，株価の上昇も期待できないから，普通株の

発行による自己資本充実策は困難である。そこで，優先株の発行が自己資本充実策の１つの方策として考えられよう。優先株は普通株に比べて，配当および企業の解散時における残余財産の分配という点で優先権が与えられているが，現実問題として，後者の権利は有名無実であるから，一般の投資家には魅力が薄いと考えられる。そこで，優先株の発行に際しては，一般には当該企業と関連のある企業が引き受けることになるが，そのためその引き受け企業は安定株主となりうるから，自己資本の充実策につながるといえよう。

ただ，これまで優先株を発行した企業は，普通株の発行が困難なほど業績が悪く，株価が低迷している企業が多かったため，優先株に対するイメージがよくない点がネックになっている[28]。この点は昨今の不良債権を多く抱えている金融機関が，BIS（国際決済銀行）規制（自己資本比率８％以上という規制）のため優先株を発行しはじめている点からも計り知れよう。

なお，会社法では，このような種類株の発行に関しては，企業が発行しやすいように規定している。つまり，取締役会の承認によって，定款に発行する種類株の内容と数を記載すればよく（会社法第108条第２項），またこのような議決権制限株式は発行済株式の２分の１まで可能となった（会社法第115条）。

したがって，今後，業績が良好で，株価も安定している企業が優先株の発行に積極的に取り組めば，自己資本の充実につながると考えられる。

(ロ)　新株予約権の付与・新株予約権付社債

新株予約権とは，株式会社に対して行使することにより当該株式会社の株式の交付を受けることができる権利である（会社法第２条第21号）。つまり新株予約権者があらかじめ定められた期間内に，あらかじめ定められた金額を，株式会社に払い込めば，株式会社からあらかじめ定められた一定数の新株の発行を受けることができる権利のことである。したがって新株予約権の付与により，当該会社にとっては将来，自己資本の増加が期待される。

新株予約権付社債とは，新株予約権を付した社債である（会社法第２条第22号）。つまり，社債発行会社が社債権者に自社の新株予約権を与えて発行する社債である。したがって，新株予約権付社債の保有者が，将来，当該会社の株価が上昇した場合，社債から株式に転換すれば，当該会社にとっては，他人資本である社債が自己資本である株式に振り替えられるので，自己資本の充実につながることになる。

⑷ 資産の証券化

第2節で取り上げた資産の証券化は，証券化により調達した資金によって有利子負債を削減できるから，相対的に自己資本の充実につながると考えられる。

⑸ 債務の株式化（Delt Equity Swap）

⑴で取り上げた優先株との関連で，債務を優先株のような株式に変更する，つまり，債務免除と引換えに自社の株式を相手（たとえば金融機関）に渡すことにより，自己資本の充実につながる。2002年1月にスーパーのダイエーが主力取引銀行にこの制度を要請した。

⑹ 資産再評価の実施

資産再評価を実施すれば，帳簿価額と時価との差額が資産評価益として計上されるから，これを再評価積立金として企業内に留保すれば，留保利益となり自己資本となるから，自己資本の充実につながることになる[29]。

⑺ 永久社債の発行

永久社債はその名のとおり社債であるが，永久的に返済されず，しかも利益分配にあずかる性質の社債である。このように，永久社債は形式上は他人資本であるが，実質的には自己資本と同様であるから，自己資本の充実につながると考えられる[30]。

⑻ 劣後債の発行

劣後債とはその名のとおり社債であるが，発行会社が倒産した場合，元金の払戻しが普通社債よりも後になる性質の社債であるから，返済の義務という点で自己資本に近い性格をもっていると考えられるので，自己資本の充実につながると考えられる[31]。

⑼ 後配株（劣後株）の発行（会社法第108条第1項，1，2号）

普通株での増資が困難な企業の場合，特に，子会社の増資引き受け等の場合，後配株（劣後株）による増資によって，自己資本を充実させることも考えられる。後配株は配当や残余財産の分配に関して，普通株より後回しになるが，普通株と違って，持ち株比率の算定の対象にならないから，後配株による増資は，子会社の増資引き受けにとっては好ましい方法である。この後配株は，1929年から特定業種に発行が認められ，1963年から発行制限がなくなった。なお，現在までに，上場企業での発行は十数件である。また，この後配株は一定の条件（たとえば，普通株の配当金額が一定額以上となった場合等）を満たせば，普通株に転換できる条項がついている場合が多い。

第8節 配当政策

§1 配当および配当政策の原理・原則

配当（Dividend）[32]は現金による現金配当（Cash Dividend）が一般的であるが，ときには現物・証券による配当である現物配当（Property Dividend）・証券配当（Security Dividend）の場合もありうる。

そこでまず，現金配当に焦点をおいて検討すれば，原理的には，第4節で検討したように，配当金は留保利益との関係で検討されるべき事柄であり，両者は一種のトレード・オフの関係にあるといえよう。そして両者の関係については，経営環境・当該企業の将来の目標・当該企業の経営戦略等の判断により，株式の市場評価や資本調達を重要視する場合には配当に重点をおき，設備投資や経営規模の拡大を重要視する場合には留保利益に重点をおくことになるであろう。

しかし，この点についてさらに無配政策との関係において検討する必要がある。配当と留保利益との関係については，企業がたとえ配当すべき余裕があったとしても，あえて無配政策をとり，留保利益に回すこともあり得ることである。たとえば次のような場合に，そのようなことが考えられるであろう。①配当すべき未処分利益を留保利益に回し，再投資し，将来の株価上昇を目論み，キャピタル・ゲインの獲得を目指す場合，②同様の事情により，将来の配当や株式分割を期待する場合，③将来のための拡張資金や現時点での運転資金に対する要請が強い場合，④創業間もない若い企業で成長しつつある場合，⑤資本コストの点で，他の資本調達方法では資本コストが高くつき，調達困難な場合等がある[33]。

これらの問題意識をベースにして，さらに詳細に配当政策（Dividend Policy）の原則について検討する。現代の企業経営においては，企業を取り巻く利害関係者集団が多々存在し，その利害の調整を行うのが企業経営者の役割であることはいうまでもない[34]。そしてそれらの利害の対立の中でも，株主と経営者の利害の対立は1つの典型といえるであろう。企業利益の帰属に関して，株主は法的には権利主体であり，経営者は経済的行為主体であるから当然であるといえよう。したがって，株主と経営者の利害の対立の接点の最たるものが配当政策であるといえよう。そこで，配当政策とは，企業が株主より拠出された資本に対して，その報酬として支払われる利潤の分配分である配当を，いかほどにすべきかを決定する際の理念あるいは方針であると考えられる。

配当政策の原則については種々の考え方があるが，次の3点に集約されるであろう。

まず第1には，一定の配当率を維持すべきであるという原則である。企業にとっては株価を維持し，信用関係を良好に保つためには，好況時に配当平均化のための「配当平均積立金」を積み立てておき，不況時にはたとえ欠損が出ても，その積立金を取り崩し，一定率の配当を維持する必要がある。つまり，利益処分に際して，「配当平均積立金」という任意積立金を内部留保という形で社内に留保しておくわけであり，ここにおいても前述のように，配当金と留保利益との関係が明白となろう。

第2には，資本利益率が配当の基準となるという原則である。つまり，投資の限界利益率が一般利子率よりも高い場合には，未処分利益は配当に回すよりも再投資に向けた方が株主にとってもメリットが大きいといえる。ここにおいても前述のように，配当金と留保利益による再投資との関係が明白となろう。

第3には，資金需要の程度が配当の基準となるという原則である。つまり，現時点において，企業がどれだけの資金需要を必要としているかにより，資金需要の旺盛なときに未処分利益を配当に回すよりもむしろ留保し，再投資に向けて，より一層の利益を確保すべき行動をとるべきであるし，また反対に資金需要が旺盛でないときには，未処分利益を配当に回し，現在の株主に報いることによって企業の株価の維持・上昇につとめ，将来への成長を目論むべきであろう[35]。

現在時点での配当と，留保利益による将来のキャピタル・ゲインとの関係・

選考については，さらに税金（税率）の問題を考慮しなければならない。つまり，キャピタル・ゲイン課税率が，配当に課せられる個人所得税率よりも低い場合には，企業は配当支払いをむしろ回避すべきであろう。すなわち，利益はすべて留保され，将来の企業拡張・成長に使用され，企業価値を高め，株価に反映され，低率のキャピタル・ゲイン課税により株主はメリットを享受することになるからである[36]。

以上，これまでは配当については留保利益との関係にのみ焦点をおいて検討してきたし，また株価についても，第4節において現在の株価・将来の株価といった区別をせずに，単に株価との関係に焦点をおいて検討してきた。

しかしながら，1994年および2001年の商法改正によって自己株式の取得が大幅に緩和されたため[37]この点をも考慮に入れて検討する必要があるし，また株価についても現在の株価の維持および将来の株価の上昇の両面を対象にして考慮する必要があろう。そこで，これらの点を考慮して次に検討する。これまでの考察では，配当を多くすると，留保利益が少なくなり，したがって現在の株主に対しては還元されることになり，現在の株価は維持できても，将来の株価の上昇は期待できない。反対に，配当を少なくすると，留保利益が多くなり，したがって将来の株価の上昇は期待できるが，現在の株主への還元は十分とはいえず，現在の株価の維持も困難となる。しかしながら，配当を少なくし，したがって留保利益を多くしても，自己株式の取得によって流通株式を減少させれば，現在の株価の維持は可能であるし，もちろん留保利益が多いから，将来の株価の上昇も期待できる。

要は，企業にとっては，現在の株価の維持および将来の株価の上昇の期待という両面における株価極大化という企業価値を高める必要があるが，この点については上述のように，自己株式の取得という手段によって可能となろう。今後，企業を取り巻く経営環境はますます厳しくなるであろうから，株主に対して十分な配当ができるとは限らないから，むしろ配当を最小限に押さえ，その代わりに自己株式の取得によって企業価値を高め，株主への還元を考えざるをえないであろう[38]。

ところで，これまでは配当政策に関して，配当と留保利益との関係を中心に企業の立場から検討してきた。これに対して，株主の立場からは未処分利益を配当として受け取るべきか，それとも留保利益として企業に再投資すべきかの判断が問題となろう。そこで，この点について次に検討する。この問題については株価純資産倍率との関連で考察しうる。つまり，株価が１株当たり純資産を上回る，すなわち株価純資産倍率が１倍を超えている場合には，株主にとっては未処分利益を配当として受け取るよりも，企業に留保される方が好ましい。反対に，株価純資産倍率が１倍を下回る場合には，配当として受け取る方が好ましいといえよう。

なお，このように配当政策については，財務管理論では留保利益との関係で検討されるべきであるが，会計においては会社法の分配可能額（会社法第461条第１項・第２項）についての規定に拘束されており，この点においても財務管理と会計との有機的関係・接点・相違がみられる。

さてこのようにみてくると，最適配当政策なるものが存在しうるのであろうか。この点の１つの方法としてエージェンシー理論（Agency Theory）によって検討する[39]。まずエージェンシー関係とは，ある人が他の人に自己の意思決定の権限を委譲することによって，自己の行うべき仕事を委ねる契約関係をいう。そして権限を委譲する側をプリンシパル（Principal）といい，権限を委譲され，権限の執行を任された側をエージェント（Agent）という。たとえば，前者のプリンシパルとしては株主，後者のエージェントとしては経営者のような関係である[40]。つまり，現代の企業はいうまでもなく「所有と経営」が分離されているから，所有者としての株主は，意思決定の権限を専門の経営ノウハウをもっている経営者に委譲し，自らは株価の上昇と配当にのみ関心をもち，一方経営者は株主に代わって経営執行の任にあたり，株主の利益の向上のために忠実に行動することになる。

また，エージェンシー・コストとはエージェンシー関係を安定的に維持するための費用であり，前例によれば，プリンシパルである株主はエージェントである経営者の行動を監視し，一方エージェントはプリンシパルの利益を害さないよう保証しなければならない。このような監視活動と保証活動に伴う費用である[41]。

以上のエージェンシー理論に基づいて最適配当政策について検討すれば，エージェントである経営者が配当額よりも留保利益額を重視し，留保利益額を増額した場合，プリンシパルである株主は留保利益の使用に関して監視しなければならない。その場合には，監視費用であるエージェンシー・コストの負担が増加することになる。反対に，エージェントである経営者が配当額を重視し，配当額を増額した場合，プリンシパルである株主は，留保利益の減少のために有利な投資機会を失うことになる。その場合には，保証費用であるエージェンシー・コストの負担が増加することになる。そこで前者と後者のエージェンシー・コストが最小となるところをもって最適配当政策と考えられる。このように，エージェンシー理論は，経営者であるエージェントには当然企業に関する情報が入手されているが，一方，プリンシパルである株主には企業に関する情報が入手されていないという，情報の非対称性を考慮して，最適配当政策を論証しようとした。

ただ，現実には，このような理論どおりに決定されることはなく，特に日本のように，株式の相互持合いによる「安定配当主義」が行われている事実からして当然であるが，この点については§３で検討することとする。

§２　配当政策についての歴史的経緯

何を基準にして配当の適否そして配当政策を決定すべきであるかが問題であるが，それには制度的な要因・心理的な要因・経済的側面等を考慮すべきであろう。

そこで，配当政策に関して歴史的に概観することによってこれらの諸要因について検討する。中世におけるベンチャー（Venture）企業の場合においては，１航海終了ごとに決算を行う「口別損益計算」を実施していたため，利益は全額分配され，したがって留保利益という概念は考えられなかったので，当然そこには配当政策の必要性はなかった[42]。ところが，近世に入り，企業は継続するものであるという前提によるゴーイング・コンサーン（Going Concern：継続企業）という概念が成立することによって，「期間損益計算」が行われるようになり，その結果，企業利潤全額を配当するのではなく，ここに配当と留保利益との関係が問題となり，配当政策の概念が必要となったといえるであろう。その結果，配当政策に関しては制度的な規制が必要となった。そのきっかけは20世紀初頭の英米において配当に関する不祥事や訴訟が発生し，そのために配当についての法令あるいは規制が必要になった[43]。

次に，心理的な要因については，企業経営者としては「安定的配当」・「横並び主義による配当」といった心理的作用が働くと考えられる。この点については，J. Lintner による企業の配当行動に関するリントナー・モデルで実証されている[44]。この研究によると，経営者は定額配当政策と利益比例配当政策を折衷して配当を決定するという安定配当政策を実施していると結論づけている。ここでリントナー・モデルを説明すれば，リントナー・モデルは次式によって表わされる。

$$D_t = D_{t-1} + P\ (k^* E_t - D_{t-1})$$

（なお，D_t は t 期の現金配当支払額，D_{t-1} は前期つまり（$t-1$）期の実際の現金配当支払額，P は調整係数，ただし $0 \leqq P \leqq 1$，k^* は目標配当性向，E_t は t 期の税引後利益額である）

そこで，今期（t 期）の配当額は次のようにして決定される。今期（t 期）の税引後利益額 E_t に目標配当性向 k^* を乗じる。この値が前期配当実績 D_{t-1} と大きく異なる場合には，その乖離幅である差額に調整係数 P を乗じて配当修正幅とし，それに前期配当実績 D_{t-1} を加えることになる。

さらに，経済的側面からの検討としては，株主の富の極大化（Shareholders' Wealth Maximization），つまり，株式の投資価値（Investment Value）の最大化という視点からの検討であり，これに関する研究成果としては J. E. Walter や J. B. Williams や M. J. Gordon 等によるモデルがある[45]。これらの研究成果に対して，F. Modigliani と M. H. Miller による MM 理論においては，企業の投資政策を所与とするとき，配当政策は株主の富とは無関係であり，未処分利益を全額配当しても，あるいは留保利益として全額残しても株主の富とは無関係であると論証している。つまり，配当と将来のキャピタル・ゲインとの間には質的に差はないという理論である[46]。

§３　日本企業の配当・配当政策の状況

配当をいかほどにするかを決定する要因としては，L. Doris も指摘しているように次のような諸要因が考えられる[47]。

① 過去5年ないしは10年にわたる収益記録
② 営業損失が発生する時期の頻度
③ 景気変動の各期間における収益の動向
④ 考慮中の配当政策よりみた営業概観
⑤ 会社の債務状況に対する配当政策の影響
⑥ 拡張計画と固定資本必要額
⑦ 運転資本必要額
⑧ 会社の資本化額
⑨ 株主所有の性格
⑩ 取締役会の態度

しかし，実際には，このような諸要因にもかかわらず，配当状況の現実はそのとおり実行されているとはいい難い。そこで，配当・配当政策（配当決定）の状況を検討するにあたっては，配当率および1株当たり配当金・配当性向・配当利回り等について考察することが必要であると考えるので，この点に焦点をあてて以下検討する。

配当率（Dividend Ratio）とは$\frac{\text{配当金}}{\text{法定資本金}}$で表わされ，配当政策の企業間比較に利用される。日本では1970年代初め頃までは，額面株式による額面発行が一般的であったが，その後，無額面株式の発行そしてまた時価発行が盛んになったため，むしろこの配当率を基準に判断するよりも1株当たり配当金を基準とする傾向にある[48]。そして日本企業においては，一般的に，1株当たりの配当金をできるだけ一定に保つ安定配当率政策（Stable Rate of Dividend Policy）がとられているといえよう。

次に配当性向(Dividend Payout Ratio)とは$\frac{\text{配当金}}{\text{税引後利益}}$または$\frac{\text{1株当たり配当金}}{\text{1株当たり利益}}$によって表わされ，配当支払率（Payout Ratio）または社外分配率ともよばれ，配当可能性の判断基準として利用されるが，前述のように，日本企業の場合，安定配当率政策あるいはまた一定配当性向政策（Constant Payout Ratio Policy）をとる場合が多いので，この配当性向の意義は薄れているといえよう。なお，上述の配当性向の逆数，すなわち$\frac{\text{税引後利益}}{\text{配当金}}$または$\frac{\text{1株当たり利益}}{\text{1株当たり配当金}}$を配当補償率（Dividend Coverage Ratio）という。

さらに，配当利回り（Dividend Yield）とは$\frac{\text{1株当たり配当金}}{\text{株価（時価）}}$で表わされ，上述の配当率では知りえない株式投資の収益性測定の基準として利用される。つまり，株式投資をした場合，配当によっていかほどの収益が見込まれるか，また株式投資をする以外の方法（たとえば銀行預金等）との収益性の比較として利用される。

従来，日本企業の株主軽視は事実であるが，これは株式持合いによる，特に取引先金融機関という安定株主の比重が高く，各企業としては外部への配当支払を最小限にし，企業のグループでの利益プールを大きくすることが可能である。したがって，各企業としては株式市場における企業評価をあまり気にする必要がなく，したがって，M&Aに対しても比較的配慮の必要もなく，「株価の変動」よりも[49]むしろ「事業の成長・安定・維持」に重点をおくことができるからであろうと推測されうる。

この日本の株主軽視について，まず配当性向について検討する。配当性向については2000年から2016年の間で2001年の38％が最高で，概ね30％弱で推移している[50]。

2018年現在，内部留保が446兆円を超えており，経済活性化のため株主に対する還元を厚く，増配を考えるべきである。本来，「増益，増配」であるべきだが，日本企業は「増益，配当据え置き」では，日本の経済の先行きの見通しも立たないであろう。

次に配当利回りについては，1998年から2018年の間で2008年の３％弱が最高で概ね２％前後で推移している[51]。日本においては額面配当主義の慣行が現在も続いており，配当利回りの低さには変化がない[52]。

配当利回りについては，企業は市場から資金調達しながら，配当は額面に対する比率を基準にしている状況である。たとえば，１株額面５万円の株式の時価が100万円である場合，株主は100万円で株式を購入しながら，たとえば配当を10％とすれば５万円に対する10％である５千円しか手に入れることができず，この5千円は投資額100万円に対しては僅か0.5%にすぎない。このように，「資金調達は時価，配当は額面」という考え方である。このような利回り計算からは株式投資は投資家にとって有利な投資とはいえず，他の投資機会を模索しなければならないが，現在の低金利，ゼロ金利では銀行預金も有利とはいえず，一般の投資家はいわゆる「タンス預金」といわれる自宅に現金を保有することになり，その結果，日本の経済は停滞してしまい，日本の将来性に大きな影響を及ぼすことになる。この意味からも企業が必要以上の内部留保をせずに株主に十分な配当をすることが求められるであろう。

確かに，このような安定配当主義についてはA. S. Dewingが配当政策に関して概ね次のような見解を述べている[53]。「配当政策は純粋に経営者の裁量（Expediency）に属するものであり，安定配当（Regularity of Dividend Payment）は投資家の信頼を獲得でき，株価を安定させ，投機の介入を未然に排除するというメリットがあるから重要である」。また，「長く維持された安定配当は会社の対債権者地位を高め，追加資本の調達を容易にし，さらに投機ではなく投資を求めて株式を保有する，いわゆる株主の忠誠グループである，会社の好不況にかかわらずその会社の株式を持ち続ける人々を形成するからである」として安定配当主義のメリットを強調する見解もある。

これまでも随所で指摘してきたが，今後，次の点を考慮に入れなければならないであろう。第1は配当よりも自己株式の取得・消却による株主還元策との関係である。第2は配当のみならず，キャピタル・ゲイン（Capital Gain）をも加えた総投資利回り（配当利回り＋株価上昇による資本利得率＝総投資利回り）を考慮すべき点である。ただ，キャピタル・ゲインはHigh-Risk & High-Returnであるし，また現実に株式を売却しなければ利得は実現しない点に問題があるが，考慮すべき事柄ではある。第3は課税関係の問題である。つまり，配当性向を高めるためには，法人税・住民税・事業税の税率を下げなければならない。この点について例示すれば次のようである。なお，留保利益は(A)(B)同額とする。

項目＼税率	(A)50%の場合	(B)40%の場合
税引前利益	100	100
法人税・住民税・事業税	50	40
税引後利益	50	60
留保利益	30	30
配当金	20	30
配当性向	40%	50%

このように，税率を下げれば，明らかに配当性向は向上する。

また法人税率のみならず，英米のように一定額までのキャピタル・ゲインや配当を無税にするような税制の導入が必要であろう。以上の事柄を検討すれば，日本の株主軽視も見直されるであろう。

§4　現物配当・証券配当

配当については§3で取り扱った現金配当の他に，現物配当・株式配当のような配当支払方法があるので，この点について検討する。そこでまず配当支払の形態を示せば**図表7－3**のとおりになるであろう。

図表7－3　配当支払の形態

- 現金配当
- 現金以外の配当
  - 現物配当
  - 証券配当
    - ストック・ディビデンド（Stock Dividend）
    - 社債配当（Bond Dividend）
    - スクリップ・ディビデンド（Scrip Dividend）

企業が現金以外の配当を実施するのは，種々の理由があるが，会計上の計算で分配可能額を算出した結果，株主に対して配当をしなければならないが，資金繰りの点からみて現金の社外流出を防止したいとの理由が大きい。その際，現金以外の方法であれば，いかなる方法によって配当を実施してもよいが，上述の一覧表よりみて現物配当は評価の点で問題があるし，また証券配当の場合にも，スクリップ・ディビデンドは近い将来現金で支払う約束をした約束手形による方法であるから，上述の現金の社外流出の点からみて問題がある。したがって，社債配当とストック・ディビデンド[54]とが最適であるといえよう。しかもストック・ディビデンドの場合においても，当該企業が保有する他社発行の証券は換金可能性が容易であるという点で現金の社外流出と考えられるので，当該企業の発行する証券に限られるといえよう。

以上の点においても，現金主義的思考の財務管理と発生主義による会計との有機的関係・接点・相違がみられるといえよう。つまり，会計的にみれば，現金の社外流出を伴う形での配当は，現金資産の減少を伴うが，現金流出を伴わない形での配当は，社外流出を伴う税金を控除した未処分利益を資本金に振り替える，いわば貸方項目間の振替取引にすぎないから，現金の社外流出を伴わない。しかもストック・ディビデンドを受理した株主が市場で売却しなかった場合には，本章第7節で取り扱った自己資本の充実につながるといえる。もちろん，ストック・ディビデンドを受理した株主は市場にて売却できるから，現金化されるので，株主にとっては現金配当の受理と変わらないから何ら問題はない。しかし，反面，企業にとっては株主が市場で売却しなかった場合，将来の配当の増加につながる点に問題があろう。

●注

1　多量の流通株式による株価の下落をくいとめる方法の1つとして，1994年の商法改正による自己株式取得の緩和があげられる。この点の詳細については，藤井則彦著『日本の会計と国際会計（増補第3版）』中央経済社，1997年，138-141頁参照。

2　バブル経済の詳細については，野口悠紀雄著『バブルの経済学―日本経済に何が起こったのか―』日本経済新聞社，1992年参照。

3　資本コストの役割については，関西学院大学会計学研究室編『近代会計の諸問題』243-261頁，藤井則彦稿「企業資金源泉の会計問題―資本コストと関連して―」1970年参照。

4　資本調達方法の分類については，持分概念との関連において検討することも必要であるが，この点の詳細は藤井則彦著『日本の会計と国際会計（増補第3版）』中央経済社，167-175頁参照。

5　コマーシャルペーパー（CP）とは，企業が発行する無担保の約束手形であり，日本では1987年11月から発行が認められた。額面は1億円以上で主に投資信託会社・保険会社等機関投資家が購入する。その発行に際しては，当初は金融機関は発行できなかったが，その後1990年1月に証券会社，1993年6月にノンバンク，そして1994年4月に保険会社も発行できるようになった。

6　Joel Dean, “Capital Budgeting” Columbia University Press, 1951, p. 43. 中村常次郎他訳『経営者のための投資政策』東洋経済新報社，1959年，56頁。

7　資本コストの概念規定については，関西学院大学会計学研究室編，藤井則彦稿，前掲書，243-261頁参照。

8　このように，企業つまり経営者の視点および資金提供者つまり投資家の視点より資本コストを検討する立場は，Erich A. Helfert, "Techniques of Financial Analysis—Fourth Edition—" Richard D. Irwin, Inc., 1977, pp. 173-228. 実方正昭・藤井則彦・後藤文彦共訳『財務分析のテクニック』ミネルヴァ書房，1979年，144-196頁にもみられる。なお，同書は1997年に19版が出版されている。

9　N. A. A. "Return on Capital as a Guide to Managerial Decisions" また，調達利率および運用利率についてはFriedlich and Vera Lutz, "The Theory of Investment of the Firm" 1951，においても論述されている。

10　機会原価とは，経済的財貨または用役を代替的諸用途のいずれか１つに充当することによって，他の用途の実現が犠牲・断念されるという事実に基づいて認識される原価である。そして犠牲・断念された用途の価値，つまり具体的には犠牲・断念された用途から得られる利益によって測定されるが，犠牲・断念された用途が複数のときは，その中の最高の価値を有するものとする。

11　James T. S. Porterfield, "Investment Decisions and Capital Costs," pp. 42-63.

12　優先株は原則として議決権が与えられていないが，無配になった場合には議決権が生じる。これまでには，足利・北陸・岐阜・北海道の４銀行の例がある。なお，復配すれば議決権はなくなる。また注27も参照のこと。

13　この点について，配当を損金として算入することに関して，1964年11月に出された証券取引審議会意見書「資本市場拡大強化のための税制改正について」の中で，「わが国のごとく株式市場において機関投資家が大きなウエイトを占めている場合には，配当損金算入方式を採用すれば，個人株主にとっては優遇されることになるが，保険会社・銀行等の機関投資家にとっては，株式保有の割合が非常に高いので，これらの法人は自己の配当が損金になる点では有利であるが，他方，受取配当金全部が益金になるので，到底株式を保有することができなくなり，株式市場を混乱させ，かえって自己資本充実が阻害されることになるであろう」といわれた。しかし，最近の傾向としては，日本の株式の持合いについてアメリカ等より問題提起されている現状からすれば，事情が異なっており，この点に関して再考の余地があるのではなかろうか。

14　太田哲三著『新稿　会計学』千倉書房，1967年，125頁を著者が加筆修正。なお，以下，配当については，株式配当等の現物配当については問題とせず，配当金と限定して検討する。なぜならば，この内部源泉の構造図は損益計算をベースに内部源泉を検討しているから，現物配当の場合には次元が異なるからである。

15　Joel Dean, *ibid.*, pp. 37-38.

16　第６章資本運用において，減価償却をキャッシュ・フローの一要素であると考えることが，この説明によって明白となるであろう。

17　なお，本書では，法人税をはじめとする企業に課せられる税金の総額について，税率が確定しているため，企業にとって統制不可能である点を強調した次第である。しかし，これに関連して，これらの税金の期間配分という視点より，税金の繰延という問題に関して，税効果会計という問題が1930年代半ば以後アメリカで表面化した。日本においても，1999年４月より連結財務諸表原則の改訂によって，全面適用が義務付けられるようになった。つまり，税効果会計とは，企業利益と課税所得との乖離により，会計上と税務上とにおいて費用・収益と損金・益金の認識時点の相違により，法人税等の税金を適切に期間配分するための会計処理である。

18　なお，ベンチャービジネスの場合には，企業がある程度成長・安定するまでは，このような考え方に基づくのが一般的である。

19　古川栄一・高宮晋編『財務管理の理論と方式』岡村正人稿「自己金融と配当政策」（現代経営学講座3）有斐閣，1974年，192頁参照。

20　別解として，各資金源泉の構成比率を①として，資本コストを②とすれば，①×②により各資金源泉について求め，それらを合計すると0.13となり，13%となる。

21　総合資本コストの算定に関しては，たとえば普通株などは市価の変動があるから，帳簿価額と市場価格とが乖離している場合には，両者の方法で資本コストに相当の差がでることになる。この点を考慮した算定例についての詳細については，Erich A. Helfert, *ibid.*, pp. 200-205，実方正昭・藤井則彦・後藤文彦共訳，前掲書，172-178頁参照。

22　諸井勝之助稿「わが国企業の資金調達」『経営実務』第407号，企業経営協会，1988年3月号を著者が若干修正・加筆。

23　市村昭三・森昭夫編『財務管理の基礎理論』同文舘，1988年，85-106頁。

24　戦前および戦後については三菱経済研究所「企業経営の分析」，昨今は財務省「法人企業統計」による。

25　この点の詳細については注13を参照。

26　この点については，本章第2節で述べた資産の証券化も1つの方法である。

27　2006年5月1日施行の会社法においては次のような種類株の発行が可能となった。①配当優先株式・劣後株式，②分配優先株式・劣後株式，③議決権制限株式，④譲渡制限株式，⑤取得請求権付株式，⑥取得条項付株式，⑦全部取得条項付株式，⑧拒否権を認めた種類株式，⑨役員選任権付種類株式（会社法第108条第1項）。

28　優先株の発行は，戦前には160銘柄以上発行されていたが，戦後は急減し，わずか22社34銘柄が発行されているにすぎない。

しかし，その後，バブル経済崩壊により，金融機関の不良債権が顕在化し，その処理のために金融機関が盛んに優先株を発行するようになり，それに伴い，民間企業においても優先株の発行が続出している。

29　日本の場合，1998年3月31日付けで，3年間の時限立法として土地再評価法が施行されたが，その後は減損会計の問題へ移行され，実施されている。

30　藤井則彦著，前掲書『財務管理と会計―基礎と応用（第4版）』中央経済社，2010年，157頁参照。

31　劣後債については，1998年4月から導入された旧大蔵省の「銀行等の早期是正措置」で自己資本に含まれることになった。この結果，銀行等の自己資本比率が高められることになるであろう。なお，「銀行等の早期是正措置」とは，住専処理法とともに1996年6月に国会で可決・成立した「金融機関等の経営の健全性確保法」（いわゆる金融三法の1つ）に基づく銀行の自己資本充実のための措置である。

32　中間配当については特に問題とせず，期末・中間を含めて配当として検討する。なお，中間配当については藤井則彦著，前掲書『日本の会計と国際会計（増補第3版）』中央経済社，200-202頁参照。

33　このような場合，留保金課税の問題があるが，ここでは税務上の事柄は問題としない。留保金課税についての詳細は，藤井則彦編著『チャレンジ・アカウンティング（三訂版）』同文舘出版，2014年，151頁参照。

34　この点の詳細については藤井則彦著，前掲書『日本の会計と国際会計（増補第３版）』，１－９頁参照。

35　高松和男著『財務管理論』税務経理協会，1966年，129頁を著者が加筆。

36　配当金に対する税率は，個人株主の場合，2003年４月から新証券税制により，５年間は10％，それ以後は20％であるのに対して，キャピタル・ゲインに対する税率は，公開株式については，申告分離課税方式または源泉分離課税方式のいずれかの選択であるが，一般には，後者を選択するが，その場合の税率は，株式の売却代金（譲渡代金）の１％である（つまり，株式等の譲渡代金の５％に相当する額が譲渡利益金額であるとみなし，この譲渡利益金額に20％の税率が適用される）。

なお，その後の税制改正により，この点は刻々と変化しているが，税務会計の領域であるので，これ以上の言及は避けたい。

37　藤井則彦著，前掲書『日本の会計と国際会計（増補第３版）』，138-141頁参照。なお，自己株式（自社株）の変遷については，1994年以前は若干の例外があるが，原則として取得が禁止されていた。しかし，1994年の商法改正によって，取得禁止の制限がかなり撤廃されたけれども，取得自己株式の使用目的が制限されていた。その後，2001年10月の商法改正によって，取得自己株式の使用目的についての制限が撤廃され，名称も「金庫株」と呼ばれるようになった。

38　なお，ここでは，企業価値を企業所有者の持分価値と考え，株価極大化を意味すると解釈する。したがって，株価極大化は利潤極大化よりも広い概念として捉えている。

39　エージェンシー理論の適用範囲は広く，たとえば最適資本構成の問題にも適用される。

40　エージェントとプリンシパルとの関係については，他に企業と顧客・企業と債権者・経営者と従業員等がある。

41　監視活動と保証活動に伴うコストの他に，プリンシパルとエージェントとの間に意思決定目的に差がある場合，プリンシパルが負担しなければならない費用としての残余コストが存在し，以上３つのコストを合計したものがエージェンシー・コストであるという見解もある。

42　藤井則彦著，前掲書『日本の会計と国際会計（増補第３版）』，３頁参照。

43　配当に関する法規としては，最古の「利潤原則」（Profit Rule）をはじめとして，「資本損傷禁止原則」（Capital Impairment Rule），「貸借対照表超過原則」（Balance Sheet Surplus Rule），「支払不能原則」（Insolvency Rule）等がある。この点の詳細については細井卓著『配当政策〈第２増補版〉』森山書店，1969年，24-26頁および同著『現代企業財務』金原出版，1968年，296頁参照。

44　J. Lintner, "Distribution of Incomes of Corporations Among Dividends, Retained Earnings and Taxes" American Economic Review, 46 May, 1956.

45　J. E. Walter, "Dividend Policies and Common Stock Prices", Journal of Finance, XI, March, 1956, および J. B. Williams, "The Theory of Investment Value" Harvard University Press, Cambridge Mass, 1938および M. J. Gordon, "The Investment, Financing and Valuation of the Corporation" Richard D. Irwin, Home-Wood III, 1962.

46 M. H. Miller and F. Modigliani, "Dividend Policy, Growth and the Valuation of Shares" Journal of Business, XXXIV (4), October, 1961.

47 Lillian Doris, "Corporate Treasurer's and Controller's Handbook" 1950, p. 980. 細井卓著『配当政策〈第２増補版〉』森山書店，1969年，104頁。

48 現在，額面株式，無額面株式という概念はない。注52参照。

49 ここで株主について限定しておく必要がある。株主といえども，法人・機関株主と一般大衆株主とでは，同じ株主という出資者であってもその意味合いは異なる。つまり，法人・機関株主はいわゆる株式の持合い等の関係で，株式の自由な売却も思うようにはできず，半永久的に，当該企業の株主であるから，株主本来の意味が薄く，むしろ債権者に近い性格を有することになる。また，機関株主のうち，生命保険会社は必ずしも上述の意味合いをもたないが，保険や年金の関係で企業と密接な関係にあるため，個人株主である一般大衆株主とは異なると考えられる。その意味で，一般大衆株主は純粋な意味での株主と考えられる。したがって，ここでの株主は一般大衆株主を対象としている。なお，以上の株主の区別についての詳細については，藤井則彦著，前掲書『日本の会計と国際会計（増補第３版)』，３頁を中心に同書で検討されているので参照。なお，日本における株主の地位の低さ，つまり，配当は低く，留保利益の強化は1943年の軍需会社にそのベースがある(諸井勝之助稿「私の学問遍歴」，『會計』第60巻第３号，2001年９月号)。

50 前出の生命保険協会，33頁。

51 出所：日本取引所グループの株式平均利回り。

52 2001年10月の商法改正により，額面制度は廃止されたが，企業にとっては，配当政策・配当性向についての考え方には変化がないと考えられる。

53 A. S. Dewing, "Corporate Finance, rev. ed." Ronald Press, N. Y., 1931.

54 ストック・ディビデンドの起源は，イギリスでは東インド会社が1682年に，そしてアメリカではニューヨーク・セントラル鉄道会社が1869年頃，はじめて実施したといわれている。なお，ストック・ディビデンドを「株式配当」とは表現しないこととする。つまり，「株式配当」と表現すると「株式に対する配当」と「現金配当に対する株式配当」の両方に解釈されるからである。むしろ「株券配当」と表現する方が妥当かもしれない。

主要参考文献（単行本に限定・年代順）

〈わが国の文献〉

① 増地庸治郎『経営財務論』東洋出版社，1934年
② 古川栄一『財務管理組織』森山書店，1953年
③ 通商産業省企業局編『経営方針遂行のための利益計画』および『同附録』1956年
④ 大蔵省企業会計審議会中間報告『原価計算基準』1962年
⑤ 高松和男『100万人の財務分析』日本生産性本部，1964年
⑥ 通商産業省産業構造審議会『コスト・マネジメント』1966年
⑦ 高松和男『財務管理論』税務経理協会，1966年
⑧ 太田哲三『新稿会計学』千倉書房，1967年
⑨ 染谷恭次郎監訳，アメリカ会計協会編『経営指標としての資本利益率』日本生産性本部，1968年
⑩ 細井卓『財務管理入門』有斐閣，1968年
⑪ 細井卓『現代企業財務』金原出版，1968年
⑫ 細井卓『配当政策〈第２増補版〉』森山書店，1969年
⑬ 古川栄一『経営分析〈改訂版〉』同文舘，1973年
⑭ 古川栄一・高宮晋編『財務管理の理論と方式』（現代経営学講座３）有斐閣，1974年
⑮ 岡村正人『株式会社金融の研究〈新版〉』有斐閣，1975年
⑯ 国弘員人『経営分析体系第１巻　収益性分析』中央経済社，1979年
⑰ 古川栄一『改訂財務管理』経林書房，1980年
⑱ 増谷裕久『分析会計論』中央経済社，1983年
⑲ 杉原信男『経営政策新稿』中央経済社，1983年
⑳ 杉原信男『企業経営近代化の展開』同友館，1984年
㉑ 正木久司『日本的経営財務論』税務経理協会，1985年
㉒ 市村昭三・森昭夫編『財務管理の基礎理論』同文舘，1988年
㉓ 岡部政昭『企業財務論』新世社，1990年
㉔ 田中弘『経営分析の基本的技法』中央経済社，1990年
㉕ 西澤脩『営業費管理入門』税務経理協会，1990年
㉖ 森脇彬編『日本企業の配当政策』中央経済社，1992年
㉗ 野口悠紀雄『バブル経済学―日本経済に何が起こったのか―』日本経済新聞社，1992年
㉘ 西澤脩『物流費会計入門』税務経理協会，1992年
㉙ 井手正介・高橋文郎『企業財務入門』日本経済新聞社，1992年
㉚ 村松司叙『財務管理入門〈増補版〉』同文舘，1993年
㉛ 小林健吾『予算管理の基礎知識　三訂版』東京経済情報出版，1994年
㉜ 吉田和夫・大橋昭一編著『基本経営学用語辞典』同文舘，1994年
㉝ 西澤脩『財務管理』泉文堂，1995年
㉞ 宮本寛爾『原価計算の基礎』税務経理協会，1996年

㉟ 秋本俊男・倍和博『会計情報分析の形成と展開―意思決定アプローチによる企業評価―』同文舘，1997年
㊱ 櫻井通晴『管理会計』同文舘，1997年
㊲ 鎌田信夫編著『現金収支情報の開示制度』税務経理協会，1997年
㊳ 櫻井通晴編著『わが国の経理・財務組織』税務経理協会，1997年
㊴ 藤井則彦『日本の会計と国際会計〈増補第3版〉』中央経済社，1997年
㊵ 日本管理会計学会編『管理会計学大辞典』中央経済社，2000年
㊶ 藤井則彦『エッセンシャル・アカウンティング』同文舘，2005年
㊷ 園田智昭『シェアードサービスの管理会計』中央経済社，2006年
㊸ 藤井則彦『財務管理と会計―基礎と応用―（第4版）』中央経済社，2010年
㊹ 藤井則彦編著『チャレンジ・アカウンティング（三訂版）』同文舘，2014年
㊺ 中央経済社編『新版会計法規集（第11版）』中央経済社，2019年

〈外国の文献〉

① H. Fayol, “L Administration Industrielle et Jénérale” Dunod, 1916.（佐々木恒男訳『産業ならびに一般の管理』未来社，1972年）
② A. S. Dewing, ed., “Corporate Finance, rev.” Ronald Press, 1931.
③ J. O. Mckinsey & W. J. Graham, “Financial Management” American Technical Society, 1935.
④ Knoeppel C. E., “Managing for Profit” 1937.
⑤ William J. Vatter, “The Fund Theory of Accounting and Its Implications for Financial Reports” The University of Chicago Press, 1947.
⑥ Joel Dean, “Capital Budgeting” Columbia University Press, 1951.（中村常次郎他訳『経営者のための投資政策』東洋経済新報社，1959年）
⑦ G. A. Welsch, “Budgeting ; Profit Planning and Control” Prentice-Hall International, Inc., 1957.（諸井勝之助訳編『企業予算』日本生産性本部，1974年）
⑧ H. Bierman, Jr. and S. Smidt, “The Capital Budgeting Decision” The Macmillan Company, 1960.（染谷恭次郎・鎌田信夫訳『資本予算の決定方法』ダイヤモンド社，1962年）
⑨ Hector R. Anton, “Accounting for the Flow of Funds” Houghton Mifflin Company, 1962.（森藤一男・鎌田信夫訳『資金計算の理論』ダイヤモンド社，1964年）
⑩ Cyert, R. M. & March, J. G. “A Behavioral Theory of the Firm” Prentice-Hall, 1963.（松田武彦・井上恒男訳『企業の行動理論』ダイヤモンド社，1967年）
⑪ Taylor, F. W., “The Principles of Scientific Management” A Harper International Student Reprint, 1964.（上野陽一訳『科学的管理法〈新版〉』産業能率短大出版部，1969年）
⑫ Ernest W. Walker, “Essentials of Financial Management” Prentice-Hall, Inc., 1971.
⑬ J. F. Weston & E. F. Brigham, “Essentials of Managerial Finance—Third Edition—” Holt, Rinehart and Winston, Inc., 1974.（諸井勝之助訳『経営財務Ⅰ，Ⅱ』東京大学出版会，1970年）
⑭ Erich A. Helfert, “Techniques of Financial Analysis—Fourth Edition—” Richard D.

Irwin Inc., 1977.（実方正昭・藤井則彦・後藤文彦共訳『財務分析のテクニック』ミネルヴァ書房，1979年）

⑮ James W. Pattillo, "Zero-Base Budgeting—A Planning, Resource Allocation and Control Tool" National Association of Accountants, 1977.

⑯ Chava Nachmias & David Nachmias, "Research Methods in the Social Sciences-Alternate Second Edition Without Statistics" ST. Martin's Press, 1981.

⑰ James C. Van Horne, "Financial Management and Policy—Sixed Edition—" Prentice-Hall, Inc., 1983.

⑱ Johnson H.T. & Kaplan R.S. "Relevance Lost : The Rise And Fall of Management Accounting," Harvard Business School Press, 1987.（鳥居宏史訳『レレバンス・ロスト—管理会計の盛衰—』白桃書房，1992年）

⑲ Richard Laughlin & Rob Gray, "Financial Accounting—Method and Meaning—" Richard Clay Ltd., 1988.

⑳ Cooper, Robin and Robert S. Kaplan, "The Design of Cost Management System, Text, Cases, and Readings" Prentice-Hall, 1991.

㉑ Michael Hammer and James Champy, "Reengineering the Corporation-A Manifesto for Business Revolution," 1993.（野中郁次郎監訳『リエンジニアリング革命』日本経済新聞社，1993年）

㉒ Joseph G. Nellis, "Principles of Accounting and Finance" Florencetype Ltd., 1994.

㉓ James Champy, "Reengineering Management—The Mandate for New Leadership" Harper Business, 1995.

㉔ Barry J. Epstein & Abbas Ali Mirza, "Wiley IAS 97 International and Application of International Accounting Standards 1997" John Wiley & Sons, Inc., 1997.

㉕ International Accounting Standards Committee London U. K. "International Accounting Standards 1997—The full text of all International Accounting Standards extant at 1 January 1997 and current Exposure Drafts—" Staples Printers Rochester Limited, 1997.

㉖ Cheng F. Lee & Joseph E. Finnerty & Edgar A. Norton, "Foundations of Financial Management" West Publishing Company, 1997.

索　引

欧文索引

＜著者紹介＞

藤井　則彦（ふじい　のりひこ）　　担当：第1章，第6章，第7章

関西学院大学大学院商学研究科博士後期課程修了。京都産業大学経営学部教授，同大学院マネジメント研究科博士後期課程指導教授を経て，現在，同大学名誉教授，博士（商学）。1985年8月～1986年8月スコットランド・グラスゴー大学客員教授。

（主要業績）

『日本の会計と国際会計』（単著），中央経済社，1992年（増補第3版：1997年）

『財務管理と会計―基礎と応用―』（単著），中央経済社，1998年（第4版：2010年）

『管理会計学大辞典』（日本管理会計学会編，共同執筆），中央経済社，2000年

『中東欧諸国の会計と国際会計基準』（編著），同文舘出版，2003年

『チャレンジ・アカウンティング』（共著），同文舘出版，2007年（四訂版：2023年）

藤井　博義（ふじい　ひろよし）　　担当：第3章，第4章

大阪市立大大学大学院経営学研究科後期博士課程単位取得退学。立正大学経営学部専任講師・准教授を経て，現在立正大学経営学部教授。

（主要業績）

『社会・組織を構築する会計―欧州における学際的研究』（分担訳），中央経済社，2003年

『チャレンジ・アカウンティング』（共著），同文舘出版，2007年（四訂版：2023年）

『中小企業のリバース・イノベーション』（分担執筆），同友館，2018年

威知　謙豪（たけち　のりひで）　　担当：第2章，第5章

京都産業大学大学院マネジメント研究科博士後期課程修了。愛知産業大学経営学部専任講師，中部大学経営情報学部専任講師を経て，現在中部大学経営情報学部准教授，博士（マネジメント）。Ohio University Robert Glidden Visiting Professor（2015年1月～3月）。

（主要業績）

『特別目的事業体と連結会計基準』同文舘出版，2015年

『チャレンジ・アカウンティング』（共著），同文舘出版，2007年（四訂版：2023年）

「資本利益率の価値関連性に関する実証研究―証券市場からみた資本と利益の関係―」（共著），『年報 経営分析研究』第27号，2011年3月，23-29頁

スタートアップ財務管理と会計
──コーポレート・ガバナンス，日本企業の経営組織との関連で

2020年４月10日　第１版第１刷発行
2023年４月25日　第１版第２刷発行

著　者　藤井則彦
藤井博義
威知謙豪

発行者　山本継
発行所　㈱中央経済社
発売元　㈱中央経済グループパブリッシング

〒101-0051　東京都千代田区神田神保町1-31-2
電話　03（3293）3371（編集代表）
03（3293）3381（営業代表）
https://www.chuokeizai.co.jp
印刷／東光整版印刷㈱
製本／㈲井上製本所

ISBN978-4-502-33131-2　C3034